Liebe Leserin, lieber Leser,

das Elsass ist in Frankreich und in Deutschland gleichermaßen beliebt – als Urlaubsziel mit teutonischer Exotik jenseits, als Hochburg gallischer Lebensart diesseits des Rheins. Das Elsass, L'Alsace, hat den Sprung vom deutsch-französischen Zankapfel der Geschichte zum allseits geschätzten Schlaraffenland der Gourmets und Weinkenner mit verblüffender Bravour geschafft. Eine geglückte Begegnung von deutschen Portionen und französischer Qualität, wie es der international bekannte Elsässer Tomi Ungerer mit gewohnt scharfer Zunge im MERIAN-Interview auf den Punkt bringt.

Lassen Sie sich entführen in den neuen Glaspalast der Europa-Parlamentarier in Straßburg und nach Colmar zu den Mysterien des Isenheimer Altars. Erleben Sie die schwarz-weißen Primadonnen der Vogesen und entdecken Sie die Schaltzentrale der Haute Cuisine und die Bunker der legendären Maginot-Linie. MERIAN-Autoren waren 25 Meter unter der Erde und auf lukullischem Höhenflug in Illhaeusern, auf Augenhöhe mit Baby-Lachsen, unterwegs in der Studentenszene Straßburgs und im Winzerdorf Gueberschwihr.

Alte Kirchen, fruchtbare Felder und Weinberge: Landschaft bei Barr

In dieser Ausgabe finden Sie Tipps für den Besuch im Straßburger Münster und für Streifzüge durch die hervorragend ausgestatteten Technik-Museen von Mulhouse, für den Einkauf von Munster-Käse, Foie gras und vorzüglicher Marmelade.

Das Elsass hat von vielem etwas. Zum Glück. Folgen Sie uns in eine wahrhaft multikulturelle Region Europas. Ich wünsche Ihnen viel Vergnügen mit diesem MERIAN-Heft.

Ihr

Schnitgerhans

HOLGER SCHNITGERHANS

Alles aus einem Blickwinkel betrachten.

Fahren auf eigenen Wegen. Der PEUGEOT 406. Wer seinen Horizont erweitern möchte, vertraut statt Informationen aus zweiter Hand lieber den eigenen Augen. Mit dem PEUGEOT 406 entdecken Sie das Leben in all seiner Schönheit. Und seine serienmäßigen Raffinessen wie Klimaanlage, Audioanlage mit Bedienhebel am Lenkrad oder Regensensor sorgen dafür, dass Sie stets sicher und entspannt ans Ziel kommen. **PEUGEOT. Mit Sicherheit mehr Vergnügen.**

Oder sich ein eigenes Bild machen.

14 Romantisches Elsass: Quai de la Poissonnerie in Colmars Klein-Venedig

116 Sinnliche Aussichten: Höhenzüge der Vogesen

50 Selbstbespiegelung: der Turm des neuen Europaparlaments in Straßburg

36 Quiches hinter Glas: die Versuchungen von Straßburg

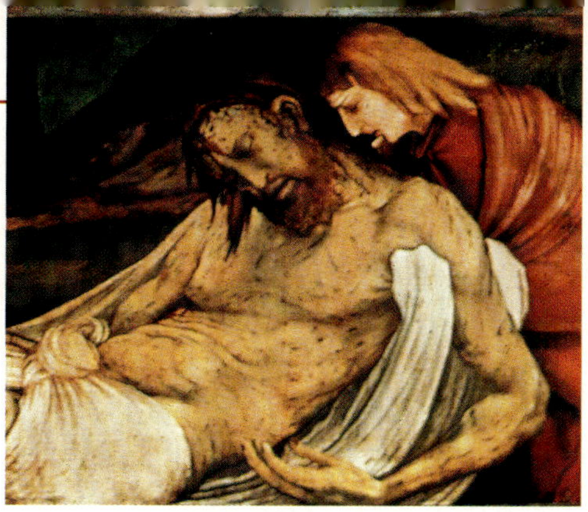

76 Ein Jünger in Trauer: Beweinung Christi von Matthias Grünewald

8 Foyer
Störche für jede Jahreszeit, Sauerkraut auf königliche Art, exotische Marmeladen-Mixturen und technische Highlights.
Text: Petra Klingbeil

14 Nistplätze des Glücks
Eine Liebeserklärung ans Elsass. *Fotografiert von Tina Hager*

26 Wir sind Sieger der Geschichte
Heimat Elsass? Enfant terrible *Tomi Ungerer* über seine Heimat.
Interview: Mathias Greffrath

36 Eine Stadt im Gleichgewicht TIPP S.48
Straßburg: Harmonie von altem Sandstein und jungen Leuten.
Text: Corinna Emundts, Fotos: Ogando

50 Der Palast der Ohnmacht
Viel Glas, wenig Transparenz im neuen Europaparlament.
Text: Harald Hotze, Fotos: Gregor Lengler

60 Vom ewigen Leben einer sterbenden Mundart
Elsässerditsch: eine mütterliche Sprache, die liebevolle Pflege braucht. *Text: Sibylle Mulot*

64 Netzwerk TIPP S.74
Die Renaissance der Rhein-Fischerei.
Text: Barbara Schaefer, Fotos: Christian Kaiser

76 Bilder von Himmel und Hölle TIPP S.85
Wallfahrt zum weltberühmten Isenheimer Altar in Colmar.
Text: Alfred Nemeczek, Fotos: Tina Hager

86 Der Segen der roten Steine
Edle Tropfen und alte Winzertraditionen: Beobachtungen im Weindorf Gueberschwihr. *Text: Angelika Overath, Fotos: Gregor Lengler*

94 Jung, frisch und zuverlässig TIPP S.94
Was Elsässer Weine so gut macht. *Text: Manfred Koch*

96 Im Hinterzimmer der Haute Cuisine
Der Haeberlin-Clan und sein Reich der Genüsse im Dorf Illhaeusern.
Text: Dominik Wichmann, Fotos: Ogando

104 In den Tiefen Europas TIPP S.112
Warum die Maginot-Linie im Elsass besondere geschichtliche Abgründe hat. *Text: Cora Stephan, Fotos: Wilfried Bauer*

116 Rendezvous mit einer robusten Venus TIPP S.125
Wo Kuhglocken in den Schlaf läuten: Berggasthöfe in den Vogesen.
Text: Hermann Sülberg, Fotos: Wilfried Bauer

Die Koordinaten hinter den **MERIAN**-Adressen verweisen auf die Planquadrate der großen **MERIAN**-Karte

MERIAN SERVICE Text: Petra Klingbeil

126 Daten zur Geschichte, Reiseinformationen, Über Nacht
128 Restaurants, Weinstuben, Cafés
131 MERIAN-Karte
134 Das Münster von Straßburg
135 Einkaufen, Veranstaltungen, Museen, Sehenswerte Orte
136 Jüdische Spuren
137 Literatur, Bildnachweis, Impressum
138 Vorschau

Titel: Guido Cozzi fotografierte Colmars Klein-Venedig

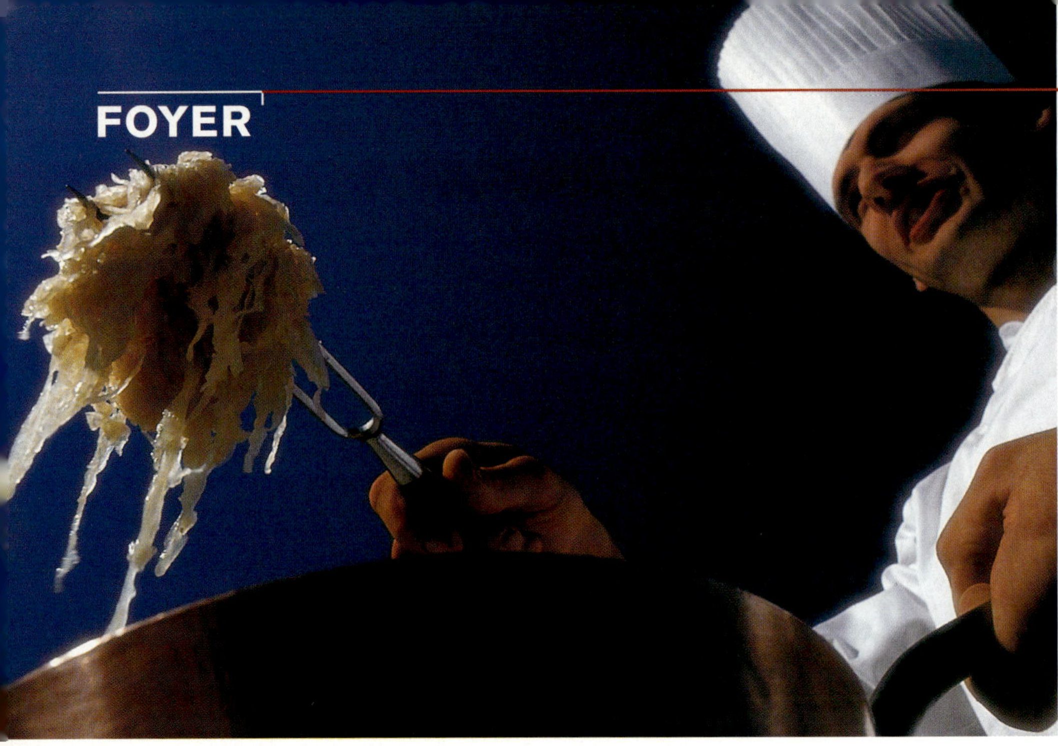

Essen hoch zwei

Ambitionierte Küchenchefs im Elsass reichen Sauerkraut inzwischen als Salat zu lauwarmem geräuchertem Lachs oder anderem Fisch. Die Regel sind allerdings voluminöse Mahlzeiten aus Sauerkraut, hoch geschichteten Würsten („Knack"), Schinkenspeck, Fleischklößen, Schweineschulter, Rauchfleisch oder Pökelfleisch, serviert mit gekochten Kartoffeln und wahrscheinlich gewürzt mit Wacholderbeeren, Koriander, Pfeffer oder Wein. Choucroute royale nennt sich dieses Teller-Gericht. Eine Portion reicht oft für zwei normal genährte Mitteleuropäer

Deftig und kräftig

Wenn das Elsass auftischt, türmt sich der Speck, dampfen die Würste, summieren sich die Kalorien. Bei königlichem Sauerkraut, inhaltsschweren Fleischtöpfen oder rustikalem Käse

Eintopf mit Promille

Geduld und eine großzügige Dosis Weißwein sind unerlässlich fürs Baeckeoffe (wörtlich: im Ofen gebacken). Der Fleischeintopf aus Rind, Schwein und Hammel oder Lamm, Kartoffeln, Zwiebeln und Lorbeerblättern wurde einst zum Bäcker gebracht, der ihn in einer mit Brotteig verschlossenen Terrine im Backofen garte. Heute findet sich Baeckeoffe längst nicht mehr auf jeder Speisekarte. Drei Stunden Backzeit nach mehrstündigem Marinieren des Fleischs in Weißwein machen das typisch elsässische Gericht zu einer aufwändigen Spezialität

Köstlicher Stinker

Einzig elsässischer Beitrag von Rang zur legendären französischen Käseplatte ist *Le Munster,* deutsch Münster-Käse, aus der Vallée de Munster. Er wird in Salzlake gewaschen und hat eine rötlichbraune Rinde, ist kernig im Geschmack und herb im Aroma (vulgo: stinkt); *Le Munster* ist im Sommer und Herbst in Hochform, kann aber schwer im Magen liegen und sollte mittags genossen werden. Begleitet von einem kräftigen Gewürztraminer

Zutaten fürs Baeckeoffe. Bis das Gericht fertig ist, kann ein halber Tag vergehen

VOLVO
for life
VERLOCKENDES PROFIL.
NEU: SEITENSCHUTZ DURCH AIRBAGS ÜBER DEN GESAMTEN FAHRGASTRAUM.
K V 40
Instinktiven Sympathiebekundungen können Sie jetzt durch die neuen SIPS Kopf- und Schulterairbags mit Souveränität begegnen. Und mit seinen leistungsstarken und äußerst sparsamen Motoren von 75 bis 147 kW (102 bis 200 PS) – allen voran die neue Common Rail Dieselgeneration – weicht der Volvo V40 so manchen Gefahren aus. Allzu heißblütige Verehrer können Sie auch durch die serienmäßige Klimaanlage ein wenig abkühlen. Steigen Sie ein. Ihr Volvo Händler freut sich auf Ihren Besuch.
Volvo Infoline: Tel. 01803/386 586, Fax 01803/086 586, www.volvocars.de
DER NEUE VOLVO V40
DESIGNED TO SAVE LIVES.

Bugatti & Co.

Es ist das Mekka der Bugatti-Fans, von PS-Freaks und Bewunderern des Automobil-Designs: das Musée National de l' Automobile in Mulhouse. Zu sehen sind rund 500 fahrtüchtige Oldtimer und Rennmaschinen des 20. Jahrhunderts. Aufregend geschwungene Bugattis (Foto), aber auch Hispano-Suizas und Panhards, Sportmobile von BMW und Porsche. (Öffnungszeiten s. S. 135) **C 11**

Tapeten-Wechsel

Palmen und Drachen auf Tapeten, Demoiselles auf Foulards, Rosenblüten auf Tischwäsche: Das Musée de l'Impression sur Etoffes erinnert an die Blütezeit von Mulhouse als Textilzentrum im 19. Jahrhundert. Im Museum sind Musterexemplare bedruckter Textilien aller Art ausgestellt. Stoffdruckmaschinen und Modeln zeigen die verschiedenen Techniken. (Öffnungszeiten s. S. 135) **C 11**

Kontrastprogramm zu Fachwerk, Weinbergen und Geranien: exotische Dessins, glänzende Kotflügel, bewegender Beton. In Mulhouse, Ronchamp und Weil am Rhein

Rand-Motive

Feine Hüllen für Gott und Design: Frank O. Gehrys Museum in Weil am Rhein und Le Corbusiers Kapelle in Ronchamp (unten)

Architektur, mon amour

Etwas außerhalb des Elsass, auf dem Werksgelände des Möbelherstellers Vitra in Weil am Rhein, lockt beste zeitgenössische Baukunst die Besucher. Neben Zaha Hadids Feuerwache, Tadao Andos Konferenzpavillon, Fabrikgebäuden von Alvaro Siza und Nicolas Grimshaw hat der Kalifornier Frank O. Gehry das 1989 eröffnete Museum für modernes Möbeldesign gebaut. Ebenfalls wegweisend: die Wallfahrtskapelle Notre-Dame-du-Haut in Ronchamp am Westrand der Vogesen. Sie ist eine Kreation des französischen Star-Architekten Le Corbusier aus dem Jahr 1955. Die Fensteröffnungen sorgen für verblüffende Lichtregie; Mitte März - Ende Okt. tgl. außer Di 9-19, Nov. - März tgl. 9- 16 Uhr **A 11**; Vitra Design Museum in Weil: Di - Fr 14-18, Sa, So und an Feiertagen 11-17 Uhr **D 12**

CHAMPAGNE
PIPER-HEIDSIECK
MAISON FONDÉE EN 1785
PIPER-HEIDSIECK
CHAMPAGNE
BRUT
à Reims-France
TAKE A WALK ON THE RED SIDE
www.piper-heidsieck.com

Glasiert und gebrannt

Im 19. Jahrhundert gab es 30 elsässische Töpferdörfer. Geblieben sind Soufflenheim und Betschdorf am Rande des Haguenauer Forstes, dessen Tongruben den Töpfern das Material liefern. Die blauen, salzglasierten Krüge und Kannen aus Betschdorf sind nicht feuerfest, aber wasserdicht. Im berühmteren Soufflenheim wird feuerfeste, bleiglasierte, mit bunten Motiven verzierte Ware hergestellt. Zum Beispiel ovale Baeckeoffe-Töpfe mit Deckel. In den Läden beider Töpferdörfer wird viel geboten – Kitsch, Küchenkeramik und feinstes Kunsthandwerk **F 3**

Gesüßt und geliert

Es gibt Hausfrauen-Marmelade und Industrie-Konfitüre. Und die Schöpfungen von Christine Ferber. Kompositionen reifer Früchte mit traditionellem oder exotischem Geschmack, saftig-süße oder fein gewürzte Mischungen aus Kirschen, Kiwis, Orangen, Bananen oder Birnen. Christines Credo: immer frisch, nie tiefgekühlt. Niedermorschwihr, 18, Rue des Trois-Épis, Tel. 03 89 27 05 69 **C 8**

Merkblatt

Was die Lieben daheim hoch schätzen. Eine kleine Auswahl typischer Mitbringsel aus dem Elsass. Von Pastete bis Plüschtier, von Keramik bis Konfitüre

Gestopft oder gestreckt

In Deutschland verpönt, in Frankreich gang und gäbe: das Stopfen von Gans und Ente. Wegen Gänse- oder Entenstopfleber (*foie gras d'oie* oder *de canard*) pilgern Gourmets ins Elsass. Achtung: Nur *foie gras entier* oder *bloc de foie gras* verheißen reine Geflügelleber. *Mousse, pâté* oder *terrine de foie* bedeuten, dass die Köstlichkeit gestreckt ist

Gut geklappert

Für Weißstörche gehört Klappern zum Brutverhalten, fürs Elsass zum PR-Handwerk. Mögen zwischen Wissembourg und Altkirch – vorwiegend in Gehegen – auch nur 250 Paare heimisch sein: Das Elsass setzt auf Störche. In Andenkenläden, in Vorgärten, als Zierde von Vogelscheuchen, in Brotform, als Motiv auf Fensterläden. Aus Plüsch, aus Holz, in Schmiedeeisen. Als Schlüsselanhänger, als Wandschmuck, als Kuscheltier fürs Kinderzimmer sind Störche in Souvenirshops zuhauf zu finden

Nistplätze des Glücks

Schönes, freundliches Elsass: klappernde Störche, blühende Geranien und Dörfer, die wie in Zeitlupe leben. Ein Bilderbogen von einem liebenswerten Land mit reich gedecktem Tisch und gelassener Lebensart

Fotos: Tina Hager

Störche im Gehege Hunawihr: Adebar, von jeher Inbegriff des Segensbringers, wird im Elsass gehätschelt. Und überwintert hier sogar

Zu Füßen des Kirchturms wohnt der Frieden: Licht- und Schattenspiele im Winzerdorf Bœrsch

Ein Dorf hält Mittagsschlaf: Ferrette, beliebtes Ziel von Wochenendausflüglern im Sundgau, sonnt sich in der Pracht seiner Blumenkästen

Ruhe, so weit das Auge reicht: Nur das Zirpen der Grillen und Mahlen der Schafskiefer ist auf dieser Weide in Barr zu hören

Läden dicht, Lampen an, Gitter runter: Am Abend haben Biker in der Rue des Marchands in Colmar freie Fahrt

Auf Händen getragen und mehr als ein Präsent: Der Guglhupf ist eine Spezialität des Elsass

Ikonen Elsässer Lebensgefühls: Geranienblüten und schmiedeeiserne Rundungen vor dem Haus

Schwungvolle Feldpflege: Damit auch Ecken ordentlich geschnitten werden, greift der Bauer noch zur Sense

Bonjour, Barr: In dem idyllischen Weinort erscheint der Postmann an Sommermorgen nonchalant in Bermudas

„Wir sind Sieger der Geschichte“

Sagt Tomi Ungerer. Ein Gespräch mit dem provokanten Cartoonisten, engagierten Enfant terrible und bekennenden Elsässer über seine Heimat. Das Interview führte Mathias Greffrath

Mitte März 2000 hat Tomi Ungerer im Deutschen Historischen Museum in Berlin die Ausstellung „Marianne und Germania“ eröffnet: seine Lebens-, Lach- und Leidensgeschichte mit dem Elsass. Skizzen des Schulbuben, der Bombardierung und Befreiung, Nazilehrer und deportierte Juden in sein Tagebuch zeichnet; Plakate, die in immer neuen, fröhlichen Varianten Brücken über den Rhein schlagen; böse Blicke auf elsässische Fress- und deutsche Ordnungslust; erotische Vereinigungsfantasien; europäische Gruppenorgien. Auf dem Ausstellungsplakat ein kleiner Bürger, der verzweifelt versucht, auf einem ewig frischen Frauenschenkel den blauweißroten Strumpf mit dem schwarzrotgoldenen Strapshalter zusammenzuzwingen.

Tomi Ungerer, ein hagerer langer Mann mit blitzenden Augen, Dracula-Zähnen und weißer Mähne, genießt lachend seine Popularität, erzählt eine Anekdote nach der anderen und kann wie immer kein Ende finden. Am nächsten Tag, sehr früh am Morgen, nimmt er sich Zeit für dieses Interview

Fotos: Paul Schirnhofer

„Wir sind ganz eng, nicht zur Welt hin geöffnet. Aber wenn es in der Welt Elend gibt,

Herr Ungerer, Sie sind der bekannteste lebende Straßburger...

Gestern Abend war ich vor allem Franzose, so eine Art Botschafter. Da stecke ich mir die „Légion d'Honneur" an, gebe Interviews und so weiter. Ich mache das gern: Die Leute kommen, haben Spaß, lachen, aber irgendwie bleibt bei ihnen im Hinterhirn der Gedanke an die deutsch-französische Sache. Das sind so kleine Glücksmomente der Realisation: Da bleibt etwas hängen, wenn die Leute lachen. Ich bin ein Unterhalter; wenn zu viel Ernst in den Dingen steckt, nimmt keiner wahr, was man sagen will. Ich glaube an die Wirkung von Humor.

Gestern Abend waren Sie also Franzose. Und sonst?

Na ja, letztes Jahr wurde wieder mal so eine Liste gemacht von den 100 wichtigsten Deutschen, irgend so eine Popularitätsliste, und da stand ich auch mit drauf, obwohl ich doch Franzose bin.

Das haben Sie wohl Ihrem deutschen Liederbuch zu verdanken. Da werden heimelige Landschaften besungen.

Ja, aber das sind doch elsässische. Und überhaupt, das Liederbuch... manchmal tut es mir fast leid, wenn ich all diese kitschigen Fernsehproduktionen heute sehe. Aber damals habe ich mit diesem Buch ja wirklich eine Türe geöffnet. Die Deutschen trauten sich ja nicht mehr, die schönen alten Lieder zu singen, wegen der Nazizeit; und da habe ich gemerkt, dass ich – als Nichtdeutscher – diese Lieder wieder ein wenig zum Leben erweckt habe, dass man mit einem Buch etwas bewirken kann in der Gesellschaft. Das ist selten. Im Elsass haben sie damals gerufen, ich sei Pangermanist.

Nur wegen des Liederbuches?

Auch wegen meiner Sprüche. Ich hatte gesagt, das Elsass sei immer noch wie eine Toilette in der Mitte Europas: immer besetzt. Und dergleichen mehr. Das war heftig, da kamen sogar Drohbriefe von so genannten französischen Patrioten, die mich erschießen wollten, wenn ich zurückkäme. Weil ich gesagt habe, ich wäre doch lieber ein dreckiger Deutscher mit einer Identität und würde auch so behandelt, als ein Franzose ohne Identität zu sein. Ich habe damals stark gegen diesen Pariser Zentralismus gekämpft. Die Franzosen haben uns nach dem Krieg sehr unterdrückt, haben von den *sales boches*, den schmutzigen Deutschen, gesprochen. Sie haben überall Plakate hingehängt, auf denen stand „Es ist schick, Französisch zu sprechen", und in den Schulen waren Deutsch und Elsässisch verboten. Schon für ein Wort wurden wir bestraft; in manchen Schulen gab es sogar eins auf die Fresse. Und was haben sie uns beigebracht? Den „Charme" von unserem Akzent.

Diese Nachkriegszeit hat noch lange nachgewirkt. Wir sind markierte Menschen, markiert von der Nazizeit und von den Franzosen. Erst haben wir siebenmal so viele Menschen im Krieg verloren wie die Franzosen, prozentual gesehen; und dabei haben wir nicht kollaboriert: Nur 3,5 Prozent der Elsässer waren aktive Nazis. Und nicht wir, sondern die Franzosen haben die Juden nach Auschwitz geschickt. Aber gut, das ist lange her. Inzwischen sind wir eine gut verheilte Narbe auf der Karte Europas. Und dennoch sind wir nicht am Ende. Wir haben viel Kontakt mit Deutschland, aber die meisten dieser Kontakte sind geschäftlich. Ich habe mal gefordert, jeder Elsässer müsse einen Brückenkopf auf seinem Rücken tragen. So weit sind wir noch lange nicht...

Und der Kampf gegen den Zentralismus?

Die Tendenz ist immer noch da. Wenn in Straßburg etwas passiert, kommen immer noch keine Journalisten aus Paris. Neulich habe ich ein Buch über den „Krieg der Franzosen" gelesen, über den Zweiten Weltkrieg. Frankreich wird da als Riesensauhaufen beschrieben: Vichy, Pétain, die Kollaboration, aber im ganzen Buch kein Wort über das Elsass. Es gibt uns einfach nicht. Aber im Großen und Ganzen kann man sagen: Der Kampf ist inzwischen ausgekämpft. Wir haben jetzt die Région L' Alsace bekommen, das ist ein Rahmen, in dem wir unsere kulturelle Identität bewahren können – wenn wir selbst es schaffen, wir selbst zu bleiben, was gar nicht so einfach ist.

Ist das überhaupt noch möglich?

Manchmal denke ich, es ist alles zu spät. Es gibt ja kaum noch Kinder, die Elsässisch sprechen. Nur so ein paar alte Säcke wie mich. Wenn ich mit meinen Freunden in Straßburg zusammen bin, dann singen wir und erzählen uns Witze auf Elsässisch, aber Sie werden kaum 18-Jährige finden, die das tun. Vielleicht auf dem Lande, aber auch dort nicht viele. In 40 Jahren wird sich das von selbst erledigt haben. Das liegt auch an unserer eigenen Feigheit. Ich bin Präsident der „Association ABCM", die für den Unterricht von Deutsch und Französisch kämpft. Wir haben vor sieben Jahren ein Gesetz durchgekriegt, dass in den Kindergärten eine zweite Sprache gesprochen werden kann. Wenn es die Eltern wollen. Aber was nützt das, wenn die Eltern es zu Hause nicht sprechen? Ich lebe mit meiner Familie in Irland, da haben meine Kinder seit der ersten Klasse Gälisch gelernt, acht Jahre lang, aber sie sprechen es nicht, weil die Leute es nicht sprechen.

Ein verlorener Kampf also?

Vielleicht, aber ich kämpfe weiter. Die Sprache ist ja nicht alles. Die Identität bleibt, auch ohne Sprache, denn die ist geerbt und die hat in sich etwas sehr Starkes, auch wenn wir ein Identitätsproblem haben.

Was ist das, die elsässische Identität?

Ein Bündel von Eigenschaften. Der Elsässer hasst die Gewalt, auch die Gewalt von Argumenten. Wenn die mit Arroganz daherkommen, ob von einem Deutschen oder einem Franzosen, dann schließt er sich. Das nenne ich seinen *escargotisme,* sein Schneckentum. Wir ziehen uns einfach zurück. Wir sind wie Schnecken: sehr empfindlich. Aber wir haben vier

öffnen Elsässer ihre Herzen"

Augen, zwei deutsche und zwei französische. Es gab auch keinen Riesenwiderstand gegen die Nazis. Die Elsässer haben sich einfach zurückgezogen, in kleine Subversionen, individuelle Aktionen wie Deserteure über die Grenze bringen. Schnecken können nämlich, als einzige unter allen Tieren, über eine Rasierklinge schleichen, ohne sich zu schneiden. Zweitens, der Elsässer ist sehr pragmatisch, und – was Wunder – kann sich an alle Umstände gut adaptieren. Das nenne ich seinen Chamäleonismus.

Anpassungsfähigkeit ist eine Eigenschaft von Minoritäten ...

Ja. Sie finden sie auch bei den Juden und den Iren. Ich sehe das an meinen Kindern. Sie gehen überall hin und finden Arbeit und machen Geld. Gute Auswanderer sind die Elsässer; überall auf der Welt, auch in Deutschland, finden Sie diese elsässischen Heimatvereine, da hocken sie zusammen und singen und erzählen, und alle duzen sich. Aber da ist wieder gleich die Kehrseite: dieses Enge. Der Elsässer ist auch kleinkariert und selbstzufrieden.

Als junger Mann sind Sie geflohen, erst nach Afrika, dann nach Amerika. Flohen Sie vor dieser Kleinkariertheit?

Ja. Und für eine Zeit war das Elsass total weg in mir. Die Enge, die Franzosen ... ich war nur noch am Kotzen. Ich ging nach Lappland, zum Nordkap, nach Afrika zu den berittenen Sahara-Truppen, und dann nach Amerika. Und dort habe ich das Elsass vergessen, auch nicht mehr Elsässisch gesprochen, kein Wort. Bis ich mit dem Liederbuch angefangen habe; da bin ich nach 20 Jahren wieder zurückgegangen zu den Wurzeln, fand alte und neue Freunde, habe angefangen, mich fürs Elsass zu interessieren. Ich glaube schon, man muss erst einmal sehr weit weggehen, um seine Heimat in der Perspektive zu sehen, um nicht mehr aus dem Leiden an der Herkunft zu urteilen. Wissen Sie, diese Kleinkariertheit ist für den Elsässer ja vor allem eine Zuflucht. Denn innerlich ist er sehr unsicher, und aus dieser Unsicherheit können Sie viel erklären. Diese Sicherheit, die er im Essen findet, in seinen Fressbunkern: Was man im Magen hat, das kann einem keiner nehmen. Und wenn man zu Hause ist, dann kann einem nichts passieren. Heimat ist für den Elsässer: das Heim. Und auch die Jungen, die in so vielem anders sind, machen es weiterhin, wie es schon ihre Eltern gemacht haben, weil sie in dieser Schale, in diesem Schneckenhaus aufgebracht wurden. In Straßburg ist kulturell so viel los, Traditionelles, Avantgardistisches, Konzerte, Theater, aber um zehn Uhr abends ist es eine tote Stadt. Alle haben sich in ihre Häuser zurückgezogen, oder in die Weinstub. Ins Schneckenhaus.

Sie auch?

Ja. Sogar Straßburg ist mir zu groß. Ich bleibe in meiner Wohnung. In den elsässischen Wohnungen werden Sie keine Bauhausmöbel finden, die stehen voll mit schweren Möbeln, mit Souvenirs. Und dann diese Sammelwut: Ich kenne kein Land der Welt, in dem die Menschen so viel sammeln. Und zwar alles Mögliche: Zuckerpaketchen, Streichholzschachteln, Nähmaschinen. Haben Sie schon einmal ein Land gesehen mit so vielen Museen? In jedem Weiler gibt es eins. Kaum hat einer etwas zusammengesammelt, zack, ist ein Museum draus geworden. Der Elsässer sammelt, weil er unsicher ist.

Ohne Vaterland sein macht unsicher, so wie ohne Vater zu sein.

Ja, stimmt. Ich bin ohne Vater. Ich habe meinen Vater verloren, als ich drei war. Und ich bin total unsicher. Bis heute. Ich finde meine Zeichnungen alle furchtbar. Man muss mir zehnmal sagen: Tomi, das ist toll; man muss mir zwanzigmal sagen: Das ist eine großartige Ausstellung – ich glaube es nicht. Ich habe immer Angst. Ich bin ängstlich geboren. Kein Vater und dann der Krieg. Ich wache jeden Morgen mit Angst auf. Ich spüre das im Magen. Das ist ganz schlimm. Bis heute. Und wenn man Angst hat, hat man auch die Unsicherheit.

Was gibt Ihnen da Ihr Erfolg?

Der hilft gar nichts. Aber ich brauche ihn. Ich nehme ihn nicht ernst, aber er tut mir gut. Aber diese Ängstlichkeit ist mein Betriebsstoff. Zum Witz, zum Arbeiten, zum Lächeln. Der Witz ist ja auch eine Waffe. Und das ist mit den Elsässern genauso. Jeden Tag hatten wir Angst. Das bleibt, das formt. Das macht unsicher. Und manchmal zornig. Dann wird geschrien. Und all diese Elemente haben auch mich geformt, ohne das wäre nie auch nur ein Buch erschienen.

Schwarz gebeizte Balken, weiß getünchte Gefache: Elsässische Gehöfte und Dörfer schwelgen in Geometrie

„Wir sind wie Schnecken: sehr empfindlich. Aber wir haben vier Augen: zwei deutsche und zwei französische“

Ein vaterloser Sohn findet nach langer Wanderung zurück in eine vaterlandslose Region, findet dort seine Heimat und fängt an, sie zu gestalten – hat Sie das in Straßburg so populär gemacht?

Ich sage nicht gern „Vaterland“, die Elsässer sagen lieber „Heimat“. Stimmt, ich habe es jetzt richtig gut in Straßburg, bin umringt von Wohlwollen. Das war nicht immer so. Ich war ja lange das schwarze Schaf des Kinderbuchs. Immer kam derselbe Vorwurf: die erotischen Zeichnungen! Wieso erlauben Sie sich, Kinderbücher zu machen? Aber jetzt ist eine neue Generation herangewachsen, die ist nicht mehr so prüde. Und nun wird in zwei Jahren mein Museum eröffnet, mit 8000 Zeichnungen, mit meiner Sammlung mechanischer Spielsachen. 6000 Stücke habe ich zusammengesammelt in meinem Leben.

Ich lebe in Irland, aber meine Wurzeln sind im Elsass. Als ich zurückkehrte, habe ich mich eingemischt, und wenn ich mich engagiere, dann geht das wirklich los. Ich habe mit alten und neuen Freunden Vereine gegründet und Aktionen gemacht, für Aidskranke, für die Blinden, für Krebskranke. Man muss auch etwas zurückgeben, wenn man so viel Glück gehabt hat. Und worauf ich besonders stolz bin: In den letzten neun Monaten habe ich mit dem Bürgermeister zusammen das CECY gegründet: das „Centre Européen de la Culture Yiddish“, das Jüdische Institut. Im kommenden Herbst veranstalten wir den ersten Kongress, im nächsten Jahr das erste Festival. Wir tragen aus ganz Frankreich und anderen Ländern Bücher und Dokumente zusammen. Die sind gefährdet, weil all diese verstreuten kleinen Sammlungen von Menschen verwaltet werden, die älter als 60 Jahre sind. In 20 Jahren wäre niemand mehr da, der sich darum kümmert. Deshalb haben wir einen Zufluchtsort gebaut, ein Zentrum, einen Versammlungsort. Und dort wird auch Jiddisch unterrichtet werden.

Straßburg hat noch heute eine sehr aktive jüdische Gemeinde ...

Hier leben zehn Prozent unserer Juden, wir haben sieben Synagogen. Einmal habe ich dort eine Rede gehalten und gesagt: „Das Elsass ist den Deutschen verkauft worden und den Franzosen. Wir hätten es den Juden verkaufen sollen, dann wäre es in der Familie geblieben.“ Wir sind im Elsass sehr stolz auf „unsere Juden“, sie sind Teil unserer Literatur, unserer Identität, sogar unserer Gastronomie. Wir haben in Harmonie gelebt mit unseren Juden. Jedes Dorf hatte einen Rabbi, und wenn Streit war zwischen protestantischen und katholischen Bauern, wurde meist der jüdische Viehhändler geholt zum Schlichten. In meiner Kindheit habe ich oft Matzenbrot gegessen, und ein Elsässer kann das Jiddische mehr oder weniger verstehen; das rheinische Jiddisch kommt aus dem Elsass. Und es verschwindet wie unsere Sprache. Und deshalb ist es so wichtig, einen Ort zu schaffen für diese Kultur.

Heimat – manchmal scheint es mir, als sei die Suche nach den Wurzeln nur noch als Versuch zu verstehen, die Vergangenheit zu bewahren.

Ich habe keine Sehnsucht nach Vergangenheit. Und die Elsässer auch nicht. Die Vergangenheit war viel zu schlimm. Nach dem Isenheimer Altar ist die Gaskammer von Struthof der zweite Ort in meiner Heimat, den ich oft besuche, an dem sich so unübersehbar die Frage stellt: Wie kann der Mensch seine durch Dummheit gefütterte Bosheit überwinden?

Sie haben sich sehr für die deutsch-französische Verständigung eingesetzt und gesagt: Nach all den Zerstörungen müssen wir selbst zu unseren Wurzeln werden. Brauchen wir Europäer eigentlich so etwas wie einen milden Antiamerikanismus, um unsere Identität zu finden?

Das ist ganz klar, da bin ich voll dabei. Identität fängt mit der Heimat an, danach kommt das Land und dann Europa. Ich finde, Europa sollte wirklich eine kulturelle Festung bleiben. Heute ist Amerika überall. Überall Baseball-Caps, überall McDonald's, überall die gleiche Musik. So ein Dreck. Klar, es gibt auch gute Dinge in der amerikanischen Kultur: gute Autos, Jazz, Blues ..., aber irgendwie ist unsere judäo-christliche Zivilisation dort an ein Ende gekommen.

Die Globalisierung bedroht die regionalen Kulturen überall, und Europa ist ein Konglomerat von Regionen, die als Nationalstaaten organisiert sind. Wie kann da ein Europatriotismus aussehen?

Ich bin kein Europatriot, aber ich bin für Europa. Ich bin nicht blind und sehe diese Riesenorganisation mit ihrem bürokratischen Regelungswahn. „Brüsselosis“ nenne ich das. Aber dennoch: In all den Jahrhunderten haben die Menschen es nirgendwo auf der Welt so gut gehabt wie jetzt in Westeuropa. Das haben wir gar nicht richtig verinnerlicht. Und vor allem im Elsass. Es geht uns gut heute. Selbst die Vergangenheit verliert ihre Schrecken ... und siehe da, sie hatte auch ihre Vorteile.

Immer wenn wir wieder besetzt wurden, wollten die Eroberer ihre Präsenz markieren, mit Monumenten. Zwischen 1870 und 1914 bauten die Deutschen den Kaiserpalast, die Universität und dann noch das protestantische Münster, das ist das mit den zwei Türmen. Das war die Kasernenkirche der großen preußischen Garnison, jeden Sonntag marschierten die deutschen Soldaten dorthin. Und die Franzosen haben es genauso gemacht. Wir sind Opfer und zugleich immer auf der Seite der Sieger. Denn wir sind der Preis, das Gewünschte, die Trophäe. Und davon haben wir profitiert. Und: Wir sind ein Relativitäts-Staat; wenn man die Dinge relativ sieht, dann kann man vergleichen, und dann nimmt man das Beste von beiden Seiten. Das ist sogar im Essen so: französische Qualität und deutsche Portionen.

VACHERON CONSTANTIN
Manufacture Horlogère. Genève, depuis 1755
Gangreserve
Kleine Sekunde, Datum und Anzeige
der Gangreserve bei 11 Uhr.
Automatisches Uhrwerk.
Zifferblatt versilbert und guillochiert.
In Weiss- oder Gelbgold.
Augsburg: Mayer **Bad Kreuznach:** Giesler **Bayreuth:** Heyder Exclusiv **Berlin:** Hülse, Türler **Bonn:** M. Richarz **Bremen:** Meyer **Dortmund:** Rüschenbeck **Düsseldorf:** René Kern **Essen:** Rust **Frankfurt:** Christ/Kaiserstrasse, Friedrich **Gronau:** Autmaring **Hamburg:** Brahmfeld & Gutruf **Hannover:** Mauck **Kampen:** Brahmfeld & Gutruf **Kiel:** Mahlberg **Köln:** Rüschenbeck **München:** Bauer, Wempe/Maximilianstrasse **Münster:** Freisfeld, Rüschenbeck **Nürnberg:** Wallner **Stuttgart:** Wempe **Timmendorfer Strand:** Mahlberg **Wiesbaden:** Weiss
Österreich: **Linz:** Hübner **Wien:** Hübner, Wempe.
Kataloge und Bezugsquellen bei:
VACHERON CONSTANTIN, Postfach 20 05 64, 80005 München - Tel. (089) 55 984 224 - Fax (089) 55 984 392

„Man nimmt das Beste von beiden Seiten. Das ist sogar im Essen so: französische Qualität und deutsche Portionen“

Und nun, nach dem Ende all der Kriege haben wir alle diese Institutionen bekommen: das Parlament, den Europarat, die Menschenrechtsorganisation und so weiter. Es ist schon toll: Wir sind Sieger der Geschichte geworden.

Schritt für Schritt könnten wir die Balance von ökonomischen Megastrukturen und regionalen Heimaten verbessern, dafür haben wir ja genug Kriege geführt und dabei – ein wenig – gelernt. Aber wie ist es mit denen, die nun neu dazukommen, aus dem Süden? Können wir die in unsere Heimat integrieren?

Es ist fast absurd: Wir haben im Elsass einen hohen Prozentsatz von LePenisten (Anhänger der rechtsextremen Partei Front National, Anm. der Red.), aber ich glaube, das sind gar keine echten LePenisten, sie haben nur so eine Art starkes Vorurteil für Ordnung. Ich kenne einen Araber, der schon lange hier lebt, elsässisch spricht und LePen wählt. Warum? Er will nichts mit der neuen Welle von Integristen zu tun haben. Er sagt: Die ruinieren unseren Ruf. Das wird so kompliziert jetzt und manchmal wirklich absurd: Im Augenblick bauen wir gerade eine große Moschee in Straßburg, aber die Stadt hat große Probleme dabei. Nicht mit den LePenisten, sondern mit den Muslimen. Denn da gibt es Türken, und es gibt Nordafrikaner, und die können sich nicht vereinen. Alles wird immer relativer.

Ich sehe in Ihrem Gesicht zwei Dinge: ein Lachen aus den Augenwinkeln und ein trauriges, angestrengtes Suchen, und in Ihren Zeichnungen einerseits die kaputte Mega-Welt, die bedrohliche Sexualität und auf der anderen Seite die Idylle.

Ich habe es doch gesagt: Ich bin ängstlich.

Worum geht es in Ihrem neuen Roman?

Ums Nichts ... Na ja, das Thema ist: *Entre le néant et le vide je choisis le vide* – zwischen dem Nichts und der Leere wähle ich die Leere. Warum? Ich kann sie füllen.

Was wäre für Sie Frieden?

Den gibt es doch nicht. Gut, Frieden zwischen Frankreich und Deutschland, den gibt es, ja. Aber inneren Frieden? Den gibt es nicht, jedenfalls nicht für mich.

An was glauben Sie?

An meinen guten Willen. Und da ich an dem verzweifle, glaube ich an den Zweifel. Ich muss immer vergleichen, ich bin Kritiker, Satiriker. Aber ich habe meine Moral, und ich glaube wirklich an den guten Willen. Und im Durchschnitt sind die Elsässer anständige Menschen. Sie sind tüchtig, auch darin, etwas für die anderen zu tun. Wenn man viel gelitten hat, hat man auch ein Verständnis für andere. Wir sind ganz klein und eng, nicht zur Welt hin geöffnet, aber wenn es in der Welt Elend gibt, dann öffnen die Elsässer ihre Herzen. Das Enge produziert die Weite, das ist auch auf anderen Gebieten so. Der Elsässer weiß in seinem Herzen, dass er kleinkariert ist, aber er muss der Außenwelt zeigen, dass er es nicht ist.

Marianne und Germania, 1992

Wenn ich Ihre Erinnerungen lese, drängt sich mir der Gedanke auf, dass man nur aus Schmerz Kosmopolit wird?

Ja, das ist wohl so. Ich hatte keinen Vater, und ein Vaterland wollte ich nicht haben. Ich habe mir eine Heimat in meinen Büchern gemacht.

Und was machen Sie mit dem schwarzen Loch unter der Kreativität?

Scherz gegen Schmerz – auch so ein Schlagwort. Das habe ich übrigens von den Nazis, dieses Talent für die Schlagworte, da waren die gut drin. Und man muss immer von allen Seiten das Beste nehmen. Ich war mal in Ostberlin, noch zur Zeit der Mauer, und auf dem Symposium fragten sie mich nach meiner Devise. Da habe ich gesagt: „Kraft durch Freude.“ Die Funktionäre waren grün im Gesicht. Und ich habe noch eins drauf gesetzt und gesagt: „Warum soll ich mir so einen guten Spruch verkneifen, nur weil die Nazis den erfunden haben? Man muss immer von allen Seiten das Beste nehmen.“ Sehen Sie, das ist auch elsässisch: Wir können es uns erlauben, mit den Hitlerjahren unseren Spaß zu treiben. In meinen niedergeschlagensten Stunden stoße ich manchmal auf ein Nazilied, irgend so ein zackiges Nazimarschlied. Das hebt dann meine Stimmung. Das ist Elsässer Luxus! Wir haben ein gutes Gewissen. Es ist eben alles relativ. Ach, ich erzähle Ihnen noch eine Geschichte über Relativität: Wieviel Seiten hat eine Münze?

Drei.

Genau. Ich habe einmal zwei Münzen auf die Kante gestellt. Da kam meine Mutter rein. Schlug die Tür zu. Eine Münze fiel um, und sie rief: „Tomi, ein Wunder: Ich mache die Tür zu, und eine Münze richtet sich auf. Das ist ein Wunder.“ Das ist Relativität. Und das ist: Elsass pur.

Mathias Greffrath *ist Publizist (u. a. „Montaigne heute – über das Leben in Zwischenzeiten“). Er lebt in Berlin und im französischen Jura.*
Tina Hager, *freie Fotografin, lebt in den USA.*

Auf breiten Boulevards

Ein Ferienklassiker: die Fahrt durch die malerische Altstadt. An Bord das Gepäck (reichlich), die Familie (vollzählig), am Steuer der Papa (nervös). Denn die Gassen werden enger und enger, kostspielige Kratzer bedrohen Wagen und Urlaubsstimmung. Wobei Zafira-Fahrer das deutlich

sehen alle Vans gut aus.

gelassener sehen. Dank seiner erfreulich kompakten Außenmaße und enormen Wendigkeit.

Falls es also bei dem Thema für jemanden eng wird, dann höchstens für die Konkurrenz.

ZAFIRA. DER ERSTE. *Außen kompakt. Innen Van.*

OPEL

Auf den ersten Blick ist Straßburg einfach nur schön. Auf den zweiten fast
Erkenntnis, warum neben dem Münster die Ausgeglichenheit, *équilibre*,

Text: Corinna Emundts, Fotos: Ogando

Eine Stadt

Die Place Benjamin Zix im ehemaligen Handwerkerviertel La Petite France ist einer der schönsten Plätze Straßburgs

zu schön. Beim dritten offenbart sich eine neue Dimension: die als Symbol für die Regionalmetropole steht

im Gleichgewicht

Ein Gesichtsausdruck, der auch Straßburgerinnen von heute ziert: Figuren aus dem 13. Jahrhundert an der Fassade des Musée de l'Œuvre Notre-Dame

Straßburg lässt tief blicken. Das Klima der Stadt beflügelt da

Mediterrane Genüsse im Spezialitäten-Laden Oliviers & Co an der Rue du Miroir 1

Hausgemachte Delikatessen bei Edouard Artzner in der Rue de la Mesange

Die Figuren am Münster inspirieren Selbstdarsteller zu Performances

enken, sagen ihre Bewohner

Vieles ist hier in Bewegung. Und doch sind die Straßburger nicht aus der Ruhe zu bringen

Daniel, der Skater, erfährt Straßburg mit seinem Brett. Im Augenblick am Musée de l'Art Moderne

Auf der internationalen Schule „Lycée des Pontonniers" bildet sich Straßburgs Elite

Blick vom Schutzwehr Barrage Vauban über die Ill auf die Ponts Couverts und das Münster

Violinistin Caroline Stenger geigt in den Straßburger Fußgängerzonen

Wie ein Fremdkörper wirkt das Palais de l'Europe, der neue Sitz des Europäischen Parlaments, zwischen den biederen Wohnhäusern

Das Stadtviertel Krutenau, östlich von Ill und Münster gelegen, ist Zentrum der Kneipen und Restaurants

Europa hat in der Stadt eine passende Niederlassung gefunden. Edel in der Anmutung und überschaubar

Man sollte meinen, es sei nicht auszuhalten in dieser Stadt. Diese unzähligen lauten Besucher, die sich an mittelalterlichem Fachwerk vorbei durch das einstige Gerberviertel La Petite France schieben, die Touristenboote, die wie Amphibien durch die Kanäle gleiten, die Tradition der Weinstuben mit ihren rot-weiß karierten Tischdecken, die die Vergangenheit konservieren. Kann jemand in dieser Stadt länger als drei Tage denken, atmen, leben, ohne sich zu fühlen wie ein aus der Zeit gefallener Untoter?

Das Gegenteil ist der Fall. Es ist anzunehmen, dass hier mehr glückliche Menschen leben als anderswo.

Christophe Feltz kurvt in seinem VW-Golf durch die Altstadt, grinst, lacht, erzählt. „Ja, ja, es ist eine bürgerliche Stadt, eine reiche Stadt – an der Oberfläche. Darunter brodelt es." Am Quai des Bateliers trifft er einen Freund, *„Ça va?"*, fährt weiter, trifft den nächsten. Im Café „Le Roi et le Fou" wieder einen. Es dauert, bis der 32-jährige Theatermacher Platz genommen hat. *„Strasbourg, c'est la famille"*, sagt er dann beim Rotwein, die Stadt ist die Familie. Wie das Theater und seine Compagnie seine Familie sind.

Er kenne keinen, der nicht bewusst nach Straßburg gezogen sei. „Man verlässt diese Stadt nie wirklich." Es sei eine mütterliche Stadt, sagt er, eine, die einen nie mehr loslässt. Ohne die Kathedrale nicht denkbar. „Sie strahlt aus."

Straßburg ist eine wichtige Universitätsstadt, beliebt bei Studenten. Auf den ersten Blick versprüht sie den Charme einer gut erhaltenen Provinz-Metropole. Nicht, dass sie viel neues Design oder moderne Architektur bieten würde. Nicht, dass sich hier eine zahlungskräftige Jeunesse dorée bemerkbar machen würde mit Yuppie-Kneipen, Szeneläden, Start-Up-Unternehmen und dergleichen. Für Studenten zählen andere Werte: die Kleinräumigkeit der Stadt, die es einem erlaubt, mondäne Plätze ebenso wie verträumte Gassen per Fahrrad zu erreichen. Man muss an der Oberfläche dieser Stadt kratzen, dann gibt sie ihre Vielfalt preis. Ihre Geschichte, ihre Leiden, ihr Geistesleben, zählt Christophe Feltz auf. Die Kunst- und Kulturszene, sagen die Kunststudenten. Das jüdische Leben, sagen die jüdischen Studenten. Die Gewalt in den Vororten, sagt die Korrespondentin. Die Poesie, sagt der Lyriker.

Wo findet sich eine Buchandlung wie die „Librairie Quai des Brumes", in der Angestellte Buchkritiken handschriftlich verfassen und auf Kartonstreifen zu den ausgestellten Büchern legen? „Hier in Straßburg verkaufen sich Lyrik und Theaterliteratur besonders gut", sagt der Buchhändler Francis Bernabé. Das ist ungewöhnlich. Nur nicht für Marc Syren, den Straßburger Lyriker, der spricht wie ein Gedicht. „Diese Stadt interessiert sich für das Imaginäre, das Surreale, das Irrationale mehr als für die Ordnung."

Wieder so einer, der nie aus und von Straßburg weggekommen ist. 45 Jahre alt, hier geboren als jüngster Sohn einer Künstlerfamilie. Zwei seiner drei Brüder sind ebenfalls hier geblieben. Nicht mal in den Ferien fährt er fort. „Da schreibe ich noch mehr als sonst." Er wohnt im Stadtteil Esplanade, einem Viertel mit großen Neubauten und vielen Universitätsbibliotheken in der Nähe. „Haben Sie einen Garten?" – „Nein, aber einen Garten im Kopf."

Seine Gedichte wirken raum- und zeitlos. Seine jüngste Veröffentlichung besteht nur aus einzelnen Sätzen. Sätze wie *„Une mouette dans la maison du silence"* oder *„Écrire pour bouger"*: Eine Möwe im Haus der Stille; Schreiben, um sich zu rühren. Und doch hat er diese Ortsgebundenheit, die stärker nicht sein könnte, ohne dass sie in seinen Werken vorkommt. Vielleicht ermöglicht dieser Ort ihm überhaupt erst, derart zu schreiben. Von Gefühlen, Farben, Stimmungen, wie ein Romantiker des 21. Jahrhunderts. Er schätzt die Besonnenheit der Stadt, die Realitätsnähe der Elsässer gegenüber den prätentiösen Parisern. „Es ist eine träge Stadt, aber eine, die sich trotzdem bewegt."

Syren geht durch die Straßen, zur Post am Münster, eine sonderbare Gestalt zwischen all den Touristen. Groß gewachsen, in Jeans und blauem Kittel, mit schülerhafter Pagenfrisur und rundlichen roten Backen, die ihm etwas Kindliches verleihen. „Glück", hat er gesagt, „ist das Leben der Poesie, das Leben des Geistes, die Suche nach dem Gleichgewicht". Als er 18 Jahre alt war, hat ihm sein Philosophie-Professor gesagt, er sei talentiert. Seitdem schreibt er. Inzwischen ist er in Straßburg bekannt, sind seine Lesungen gut besucht. Das scheint ihm zu reichen.

Gleichgewicht. Ausgeglichenheit. Nirgendwo hört man das Wort *équilibre* so oft wie in Straßburg. Hier ist die Tradition erträglich. Die Moderne ist es auch. Das Neue fügt sich hier behutsam ein, die Stadt, obwohl längst Zentrum eines Ballungsgebietes von einer halben Million Menschen, hat nichts Monströs-Hektisches, sondern Ruhe bewahrt. Man bewegt sich langsamer auf der Place Kléber als auf vergleichbaren Plätzen anderer Metropolen Europas, man hat Zeit für ein Schwätzchen. Und: Man kennt einander.

Das sei ein unschätzbarer Vorteil, sagt die 24-jährige Marjorie Klein, eine angehende Lehrerin, „es ist gastfreundlich hier, man fühlt sich als Student schnell zu Hause."

Strasbourg ist französisch. Aber nicht nur. Das gibt der Stadt zusätzlichen Reiz

Anders als in Paris, „dort ist es hektisch und anonym". Ihr Freund Thierry Grimm, ein Jurastudent, aus einem kleinen elsässischen Dorf stammend, will auch nach den Prüfungen hier bleiben, klar. Marjorie, eine zierlich-elegante Person, hat einen deutschen Nachnamen, Thierry mit den dunkelblonden Haaren ebenfalls. Die beiden Studenten betonen die besondere Mentalität der Region. Weniger Laisser-faire und mehr Ambition. Selbst die florierende Ökonomie und die niedrige Arbeitslosenrate schreiben sie dem deutschen Einfluss auf die Elsässer zu. Und sie glauben, dass es an den Instituten disziplinierter zugeht als im Süden oder Westen Frankreichs. „Hier kann man sehr ernsthaft studieren", sagt Thierry. Sei es im aquarium-grünen Kubus der Nationalbibliothek, im feudalen Haupttrakt an der Place de l'Université oder in den Collèges der Umgebung, deren Gebäude so selbstbewusst wie alte Ministerien der République Française wirken. Die Professoren und Institute verfügen über einen vorzüglichen Ruf.

Die Nähe Deutschlands, die zeitweise deutsche Geschichte der Stadt ist präsent bis zur wilhelminischen Architektur an der Place de la République. Allein, die Straßburger wirken glücklicher als die Deutschen, die immer dorthin wollen, wo sie nicht sind, und das suchen, was sie nicht haben.

Nicht ganz deutsch, nicht ganz französisch sind die Gesichter in den Straßen. Kaum verändert spiegeln sie sich in den steinernen Figuren der Portale am Münster und an der Kirche St-Pierre-le-Jeune. „Man weiß nicht, wo man hier ist", sagt Theatermacher Christophe Feltz im Café, „in Deutschland, in Frankreich oder in Europa?" Hier zu leben, bedeute, in einer Kapsel zwischen Schwarzwald und Vogesen zu leben, „in einem Niemandsland". Einer Region, in der die Frage der Identität keine einfache ist. „Ich bin hier geboren, aber ich fühle mich überhaupt nicht als Elsässer". Diese Spannung provoziere die Künstler.

Feltz leitet seit zehn Jahren das „Théâtre Lumière", eine von etwa 20 Gruppen im Elsass. Nicht Provinzialität, sondern Modernität zeichnet sein Theater aus. Sie spielen zeitgenössische französische Autoren, aber auch Tennessee Williams und Václav Havel. Eine Saison lang hat Feltz, selbst ehemaliger Schauspieler, ein Stück in einem Appartement spielen lassen mit 40 Zuschauern pro Abend – ein Riesenerfolg.

Die Studenten, die man in dieser Stadt trifft, vermissen nichts, schütteln nur den Kopf bei dem Gedanken, in Paris zu studieren. Hier sind nicht 100 Bars angesagt, aber zwei oder drei. Es gibt nicht 100 romantische Cafés, dafür sind die wenigen wunderschön. Seinen Sartre liest man im puristischen Café Brant an der Place de l'Université. War man einmal im Café Opéra, will man sowieso nicht mehr woanders hin. Der Innenraum des Cafés im Opernhaus an der Place Broglie könnte ein perfektes Bühnenbild sein, rote und blaue Wände, prächtiger Stuck, schwere Kronleuchter und eine Bar im Stil der sechziger Jahre. Im Sommer sitzt man unter den Säulen mit Blick auf den Platz und schaut jüdischen Familien beim Sabbat-Spaziergang zu.

Natalie Fortis verabredet sich hier mit ihrer jüdischen Freundin Noemi und trifft nebenbei Bekannte aus der Politik. Die 25-jährige Studentin ist Sprecherin der jüdischen Studentengruppe und in der Lokalpolitik bei den Sozialisten aktiv. In Straßburg hat sich eine der größten jüdischen Gemeinden Frankreichs etabliert. Stolz erzählt Natalie von den Synagogen der Stadt, drei großen und etwa 15 kleinen, die teilweise in Wohnhäusern eingerichet sind, und schwärmt von den koscheren Restaurants und dem jüdischen Viertel hinter der Avenue des Vosges. „Paris? Interessiert mich nicht." Auch sie will nicht von hier weg.

Ein paar Straßen weiter, auf der kleinen kopfsteingepflasterten Place du Marché Gayot, die Cafés, Bars, Restaurants säumen, sind fünferlei Musikarten zu hören. Die Holzstühle bei Mojgan Henriet, einer New York-erprobten Architektin, die nebenbei das alternative Restaurant „Le Cornichon Masqué" betreibt, laden zum Verweilen ein. Auf einer Bank vorm Haus spielen zwei Studenten Schach. Wie auf dem Dorf.

Hektischer geht es im „Flam's" um die Ecke zu, in dem ab halb neun Mensa-Atmosphäre herrscht und der Altersdurchschnitt unter 20 Jahren liegen dürfte. Das Nachtleben beschränkt sich auf Bars und wenige Clubs – aber man ist ja zum Studieren hier. Dafür kann sich das kulturelle Angebot für die Jungen sehen lassen. Es gibt Programmkinos und zahlreiche Retrospektiven. Und wenige, aber gute Galerien, sagt der ehemalige Kunststudent Didier Balicevic, und eine kleine exzellente Kunstszene. Anzutreffen beispielsweise in der Galerie der Kunstakademie.

Europa. Wer in Straßburg lebt, spürt Europa. Christophe Feltz träumt von einem Stück in allen europäischen Sprachen. Straßburger sind sensibel gegenüber extremem Nationalismus. Als die rechtsradikale Partei Front National 1997 einen Parteitag hier abhielt, formierte sich eine große Widerstandsaktion verschiedener Initiativen und gesellschaftlicher Gruppen unter der Leitung der damaligen sozialistischen Bürgermeisterin Catherine Trautmann. Auch Feltz war dabei mit seiner Theatertruppe.

Jüdische Studenten in der Bibliothèque National et Universitaire

Die Astronomische Uhr im Innern des Münsters stammt aus dem Mittelalter. Ihr Mechanismus bewegt Heiligenfiguren. Beim vierten, achten und zwölften Apostel kräht ein Hahn

„Die Rassisten, das sind die Alten, nicht die Jungen", erklärt der 32-jährige Bastien Sengel. Der Jung-Gastronom sagt, er freue sich auf Europa, auch wenn er ein wenig Angst habe, dabei Frankreich zu verlieren. „Meine Kinder werden in Europa aufwachsen, der Krieg wird lange her sein". In Marseille würde man nicht so viele Pro-Europäer finden. Insofern entsteht in dieser Stadt im Niemandsland vielleicht die Avantgarde Europas. Eine europäische Metropole. Bastien Sengel ist überzeugt davon, in einer privilegierten Stadt mit großer Zukunft zu wohnen. „Naja", grummelt er, „die Taxis fahren noch viel zu selten, und der Flughafen ist noch zu klein." Er spricht wie ein Politiker. Kein Wunder, er kennt sie ja alle, essen sie doch im Feinschmecker-Lokal „Zimmer-Sengel" seiner Eltern – die Mitglieder des Europäischen Rats, die Abgeordneten des Europaparlaments, die Lokalpolitiker.

Seine Frau wollte mit ihm nach New York, davon hat er sie abgebracht. Lieber holt er etwas von Berlin oder New York nach Straßburg. Das fehle hier noch, dieses Flair. „Diese verschlossene Mentalität muss sich ändern", sagt er und verschränkt zur Untermalung die Hände ineinander. Er hat große Pläne, noch geheim, nicht für die Zeitung bestimmt.

Ein Träumer, ein Poet auf seine Weise, dieser Bastien Sengel. Wie Marc Syren. Spricht auch dauernd vom *équilibre.* „Das Neue, das Internet, all das ist wichtig, aber man darf das Vergangene nicht vergessen." Er liebt Straßburg: „Eine Stadt im Gleichgewicht". Er ist aufgewachsen im Quarré d'Or, dem kleinen teuren Geschäftsviertel am Münster, lernte in großen deutschen Hotels und lebt nun wieder in den Straßen seiner Kindheit. Keine Frage, er wird die Familientradition – seine Tante hat eine Weinstube, seine Großmutter eine Brasserie, sein Bruder eine Bar außerhalb Straßburgs – hier in diesem Viertel fortsetzen.

Die Straßenbahn in futuristischem Design zischt durch die Stadt wie eine Ankündigung ihrer eigenen Zukunft. Paris ist weit. Vergessen La Petite France und die Touristen. Der Poet, der Gastronom, der Schauspieler – trafen wir sie in Deutschland, Frankreich oder Europa? Auffällig ihre Heiterkeit.

„Sie sind also ein glücklicher Mensch, Monsieur Syren?" – „Nein." – „Nein?" – Und dann kommt diese Antwort, die kommen muss, die man eigentlich hätte ahnen können: „Ich bin auf der Suche nach meinem Gleichgewicht." Und er sieht dabei ziemlich glücklich aus.

Corinna Emundts *ist Redakteurin bei der* Woche.
Ogando *arbeitet als freier Fotograf in Köln.*

Die Koordinaten beziehen sich auf die Planquadrate der Faltkarte

ÜBER NACHT

➤ **s. Tipps und Hinweise S. 127**

RESTAURANTS

L'ALSACE À TABLE
8, Rue des Francs-Bourgeois, Tel. 03 88 32 50 62, tgl., Menü rund 150 FF Gepflegt; Meeresfrüchte, Fisch, Sauerkraut (D 4)

LE BUEREHIESEL
P. de l'Orangerie, Tel. 03 88 45 56 65, tgl. außer Di, Mi, 2 Wo Feb. bis März, 3 Wo im Aug., 24. Dez. - 10. Jan., Menü ab 550 FF Drei Sterne im Michelin; ausgesuchte Vorspeisen, erlesene Weine (H/I 3)

LA CAMBUSE
1, Rue des Dentelles, Telefon 03 88 22 10 22, tgl. außer So u. Mo, 16. Apr. - 1. Mai, 30. Juli - 16. Aug., 24. Dez. - 8. Jan., Menü um 300 FF Fischlokal (D 4)

LA CHOUCROUTERIE
20, R. St-Louis, Tel. 03 88 36 52 87, tgl. außer 1. - 10. Jan., Menü ab 80 FF Sauerkraut auf unterschiedlichste Art (D 5)

LE CORNICHON MASQUÉ
17, Place du Marché Gayot, Tel. 03 88 25 11 34, tgl. außer So 9-16 u. 18-0.30 Uhr, Menü um 150 FF Vegetarische Gerichte (E 4)

LE CROCODILE
10, R. de l'Outre, Tel. 03 88 32 13 02, tgl. außer So und Mo, 16. Juli - 7. Aug., 24. Dez. - 8. Jan., Menü ab 460 FF Drei Sterne im Michelin; Spitzenweine (D 4)

FLAM'S
29, R. des Frères, Tel. 03 88 36 36 90, und 1, Rue de l'Epine, Telefon 03 88 75 77 44, tgl., Menü etwa 50 FF Einfache Speisen, Mensa-Atmosphäre (E 4, D 4)

MAISON KAMMERZELL
16, Place de la Cathédrale, Telefon 03 88 32 42 14, tgl. außer 24. Dez., Menü um 200 FF Historisches Haus mit regionalen Gerichten (E 4)

ZIMMER-SENGEL
8, Rue du Temple Neuf, Telefon 03 88 32 35 01, tgl. außer So, Feb., Menü um 300 FF Feine Küche (E 4)

WEINSTUBEN

S'MUNSTERSTUEWEL
8, Pl. du Marché-aux-Cochons-de-lait, Tel. 03 88 32 17 63, tgl. außer So, Mo, 2 Wo im Feb, 3 Wo im Aug., Menü ab 130 FF Reichhaltige Speisekarte (E 4/5)

CHEZ YVONNE (S'BURJERSTUEWEL)
10, Rue du Sanglier, Telefon 03 88 32 84 15, tgl. außer So, Mo, 4 Wo Juli/Aug., Gericht ab 160 FF Berühmte Weinstube mit klassischen Regionalgerichten. Reservierung empfehlenswert (E 4)

BIERSTUBE

AUX DOUZE APÔTRES
7, R. Mercière, Tel. 03 88 32 36 37, tgl. außer So u. Mo mittags Rund 20 Biersorten vom Fass (E 4)

CAFÉS

BRANT
11, Place de l'Université, Telefon 03 88 36 89 05, tgl. außer So 10-19 Uhr Groß, beliebter Studententreff; kleine Mittagsgerichte (F 4)

OPÉRA
Place Broglie (Seiteneingang der Oper), Telefon 03 88 75 58 58, tgl. außer Mo 11-1 Uhr Treffpunkt von Künstlern, Intellektuellen und Studenten (E 3)

LE ROI ET SON FOU
37, Rue du Vieil-Hôpital, Telefon 03 88 23 22 22, tgl. außer Di Café-Brasserie im traditionellen Pariser Stil; gute Adresse für ein ausgedehntes Frühstück am Sonntag (E 4)

TREFFS AM ABEND

LA CHOUCROUTERIE
20, R. St-Louis, Tel. 03 88 36 07 28, tgl. außer Mo Kleines Theater unter der Leitung von Roger Siffer (D 5)

PLANET FÊTE
376, Route de la Wantzenau, Telefon 03 88 31 18 31, Di-Sa 22-3 Uhr Größte Disco Ostfrankreichs (N 2)

LE TROU
5, Rue des Couples, Telefon 03 88 36 91 04, tgl. außer Mo u. Di 20-3 Uhr Studenten-Kellerbar (E 5)

SEHENSWERT

CATHÉDRALE NOTRE-DAME (MÜNSTER)
➤ **s. Tipps und Hinweise S.134**

CONSEIL DE L'EUROPE
Av. de l'Europe, Besucherdienst Tel. 03 88 41 20 00 Europarat: quadratischer Bau aus rotem Sandstein, Glas und Aluminium (1972-1977; Architekt: Henry Bernard). Sitz der 1949 gegründeten Staatenorganisation (H 2)

COUR DES DROITS DE L'HOMME
Rue Boecklin Sitz des Europäischen Gerichtshofes für Menschenrechte (1966; Entwurf: Bertrand Monnet). Auf der Wiese vor dem Haupteingang bemalte Teile der Berliner Mauer (I 2)

HÔTEL DE VILLE
Pl. Broglie Das Alte Rathaus am einstigen Rossmarkt wurde um 1735 als „Hanauer Hof" des Grafen von Hanau-Lichtenberg erbaut. 1805 - 1976 Sitz der Stadtverwaltung. Seine Prunksäle dienen heute für Empfänge (E 4)

MAISON KAMMERZELL
Pl. de la Cathédrale Ehem. Kaufmannshaus aus dem Jahr 1589 mit reichem Fachwerk und geschnitzten Verzierungen. Heute befindet sich hier ein Restaurant (Wandmalereien, um 1910) (E 4)

PALAIS DES ROHAN
2, Pl. du Château Der Palast mit Hauptfassade zur Ill (1728 - 42 errichtet) war bis zur Französischen Revolution Residenz der Fürstbischöfe aus dem Hause Rohan. ➤ s. auch „Museen" (E 4)

PALAIS DU RHIN
Pl. de la République Wilhelminischer Kuppelbau, als kaiserlicher Wohnsitz 1883 - 1889 am damaligen Kaiserplatz erbaut. Heute Verwaltungssitz (E 3)

PARLEMENT EUROPÉEN
Allée Spach, Besucherdienst Tel. 03 88 17 20 07 Das Europaparlament am Ufer der Ill mit einem Plenarsaal für 750 Abgeordnete, Tagungsräumen, mehr als 1000 Büros, Restaurants und Cafés; 1999 eingeweiht (H 1/2)
(➤ s. auch Beitrag S. 50)

PONTS COUVERTS
Pl. Henri Dunant Die vier ursprünglich gedeckten Holzbrücken über Seitenarme der Ill gehören zu den Überresten der mittelalterlichen Stadtmauer. Das große Wehr (Barrage Vauban), einst Teil der Verteidigungsanlage von Vauban (17. Jh.), ist heute Fußgängerbrücke (C 4)

QUARTIER DES TANNEURS (LA PETITE FRANCE)
Im Mittelalter Viertel der *tanneurs* (Gerber), auch bekannt als La Petite France (nach einem Hospital im 16. Jh., das im Volksmund „Zum Französel" genannt wurde) (C/D 4)

JÜDISCHE SPUREN

SEHENSWERT

MUSÉE ALSACIEN
23, Quai St-Nicolas In der Abteilung „Religion" sind zwei Räume dem jüdisch-elsässischen Kultus gewidmet (E 5)

SYNAGOGUE DA LA PAIX
16, Av. de la Paix, Führungen nach Anmeldung: Tel. 03 88 31 61 35 Die Synagoge am Parc des Contades wurde 1954 erbaut. Eine frühere Synagoge am Quai Kléber war 1941 von den Nationalsozialisten in Brand gesteckt worden (F 2/3)

RESTAURANT

LE GOURMET DE L'ORANGERIE
30, Allée de la Robertsau, Telefon 03 88 35 30 47, täglich außer Fr und Sa Jüdisch-elsässische Gerichte (G 3)

THEMATISCHE FÜHRUNGEN

Auskunft: Office du Tourisme
Rundweg „À la découverte du patrimoine juif": Entdeckung des jüdischen Kulturguts

MUSEEN

MUSÉE ALSACIEN
23, Quai St-Nicolas, Telefon 03 88 52 50 04, tgl. außer Di 10-12 und 14-18 Uhr Museum in drei Fachwerkhäusern mit Volkskunst, Möbeln, Gebrauchsgegenständen einstigen Alltagslebens (E 5)

MUSEE D'ART MODERNE
1, Place Hans Jean Arp, Telefon 03 88 23 31 31, tgl. außer Mo 11-19 Uhr Das Bauwerk mit einem Bronzepferd von Mimmo Paladino auf dem Dach enthält Werke von 1870 bis zur Gegenwart. Schwerpunkte bilden Kunstwerke der gebürtigen Straßburger Hans Arp und Gustave Doré (C 4)

MUSÉE DE L'ŒUVRE NOTRE-DAME
3, Place du Château, Telefon 03 88 52 50 04, tgl. außer Mo 10-12 u. 14-18 Uhr In der ehem. Münsterbauhütte sind Skulpturen, Glasmalereien u. Baupläne aus dem 12. - 17. Jh. zu sehen (E 4)

PALAIS DES ROHAN MUSÉE ARCHÉOLOGIQUE, MUSÉE DES ARTS DÉCORATIFS, MUSÉE DES BEAUX-ARTS
2, Place du Château, Telefon 03 88 52 50 04, tgl. außer Di 10-12 und 14-18 Uhr Archäologisches Museum: Vor- u. Frühgeschichte sowie römische Kolonisation; Kunstgewerbemuseum: Porzellan und Fayencen, große Uhrwerke; Kunstmuseum: Werke von Mittelalter bis Neuzeit (E 4)

AUSKUNFT

OFFICE DU TOURISME
17, Pl. de la Cathédrale, Telefon 03 88 52 28 28, Fax 03 88 52 28 29, Internet: www.strasbourg.com (E 4)

TravelPilot DX-N
Mit automatischer Routenführung nach Verkehrslage
Der Pluspunkt im Auto
OK
PRINZREGENTENSTRASSE
GRILLPARZERSTRASSE
BLAUPUNKT
Jetzt auch im Auto: Stau erkennen und umgehen.
EXPO2000 HANNOVER
Die Weltausstellung
Bosch – Produkt-Partner für Verkehrstelematik
BLAUPUNKT
www.blaupunkt.de

Das neue Domizil des Europaparlaments in Straßburg und der kostspielige Wanderzirkus der Abgeordneten

Text: Harald Hotze

Fotos: Gregor Lengler

Der Palast der Ohn

Viel Glas, wenig Transparenz: Parlamentsneubau (rechts) und Verwaltungstrakte am anderen Ill-Ufer

macht

Fahrstühle mit Durchblick: Abgeordnete sieht man in ihnen eher selten. Die sind sehr viel öfter in Brüssel oder Luxemburg

Wer auf der Brücke über die Ill im Westen Straßburgs innehält, wird sicherlich etwas verwundert auf das Gebäude schauen, welche das Ufer an der Flusskehre beherrscht. Hinter einer bauchig-geschwungenen Glasfassade erhebt sich ein 60 Meter hoher Turm, der an ein Gaswerk erinnert.

Weit gefehlt. Denn es handelt sich nicht um die postmoderne Verpackung eines alten Energieträgers, sondern um ein neues Wahrzeichen Straßburgs. Tatsächlich soll der neue Sitz des Europäischen Parlaments auch ein architektonisches Ausrufezeichen hinter dem Anspruch Frankreichs sein, eine führende Rolle innerhalb der Institutionen der Europäischen Union (EU) zu spielen.

Der Komplex aus Rundungen, Foren und Turm, der durch eine überdachte Fußgängerbrücke mit Verwaltungsbüros auf dem anderen Flussufer verbunden ist, hat auch für die Europaparlamentarier politische Bedeutung: Er ist ihr erstes Plenargebäude in Straßburg; bis Ende 1999 arbeiteten die europäischen Volksvertreter als Untermieter beim Europarat, einer losen Versammlung nahezu aller europäischer Staaten.

Die langjährige Oberbürgermeisterin von Straßburg, Catherine Trautmann, selbst lange Jahre Europaabgeordnete, fand diesen Untermieterstatus der Volksvertreter unerträglich. Unermüdlich sprach sie in Paris vor, um die notwendigen Mittel für ein eigenes Parlamentsgebäude loszueisen. An Argumenten dürfte es Madame Trautmann nicht gefehlt haben, denn sowohl Straßburg als Sitz des Parlaments als auch das Parlament selber leiden unter erheblichen Imageproblemen. Seit nämlich Frankreich mit all seiner politischen Macht darauf besteht, dass die Stadt am Rhein offizieller Sitz des Parlaments der Europäischen Union ist, formiert sich der Widerstand der Parlamentarier. Diese nämlich, die seit 1979 direkt gewählt werden, möchten über ihren Sitz selber entscheiden.

Und so brachte das Gerangel um das Parlament ihre Vertreter denn auch mehr ins Gerede als deren politische Arbeit. Da konnten die Abgeordneten noch so sehr über die Schwierigkeiten klagen, einmal im Monat von Brüssel oder ihren Heimatorten nach Straßburg anzureisen – vergebens. Frankreich ließ sich am 12. Dezember 1992 in Edinburgh von seinen Partnern noch einmal bestätigen, dass die Europaabgeordneten zwölfmal im Jahr in Straßburg zu tagen hätten. Und fünf Jahre später wurde dem Vertrag noch einmal eine Protokollnotiz beigefügt, die Straßburg als offiziellen Sitz des Europaparlaments hervorhob.

Solch völkerrechtlicher Aufwand zementierte einen Zustand, der meilenweit von dem entfernt ist, was die Wähler als gesunden Menschenverstand empfinden. Da sich die Abgeordneten meist in Brüssel aufhalten, das Parlamentssekretariat aber in Luxemburg residiert, setzt sich Monat für Monat zwischen Brüssel, Luxemburg und Straßburg ein Wanderzirkus in Gang. Allein der Aktentransport kostet den Steuerzahler gut zwei Millionen Mark pro Jahr.

Nach Schätzungen des Europäischen Rechnungshofes haben die Artikel und Protokollnotizen der Maastrichter und Amsterdamer Verträge zur Folge, dass das Europäische Parlament pro Jahr an all seinen Sitzungsorten rund eine halbe Milliarde Mark allein an Mieten bezahlen muss.

Gut 220 Millionen Mark Miete pro Jahr verschlingt der 200 000 Quadratmeter große Neubau des Pariser „Architecture Studio" an beiden Ufern der Ill, den die halbstaatliche Gesellschaft SERS betreibt. Glaubt man einem Rechnungsbericht der Europäischen Union, den im Dezember 1999 insgesamt 207 Europaabgeordnete unterzeichnet haben, dann kommen noch fünf Millionen Mark für Strom und Heizung sowie rund fünfzehn Millionen Mark für Reinigung hinzu. Gut zehn Millionen Mark müssen die Parlamentarier für ihre Sicherheit in dem Gebäude bezahlen.

„Straßburg als Sitz des Europaparlaments ist sechsmal teurer als Brüssel", stellen die Abgeordneten fest. Für die zwölf Sitzungen in Straßburg, so mäkeln die Volksvertreter weiter, müssten 70 Prozent der Nebenkosten aufgebracht werden, die die viermal größere Parlamentsstruktur in Brüssel im ganzen Jahr erfordere. „Als ob Europa nur eine Geldsache wäre", stöhnte die Zeitung *Dernières Nouvelles d'Alsace* angesichts eines solch vernichtenden Urteils über das neue Wahrzeichen der Elsass-Metropole.

Die Wähler sind fern, die Reisen lang, di[e] Befugnisse beschränkt: Das Straßburger Glashaus is[t] für die Parlamentarier ein lichter Dschungel m[it] Handy-Verbindung zum Kontinent Europa. Schwarze tulpenförmige Kontaktnischen in der Nähe de[s] Plenarsaals sollen zum vertraulichen Dialog ermunter[n]

Wahrzeichen für etwa zwei Milliarden Mark: So viel kostete Frankreichs Vision von der Europa-City Straßburg – das Prestigeobjekt Europaparlament mit großzügigen Wendeltreppen, verglasten Gängen und Fassaden. Und einem 60 Meter hohen Turm, der – wie Europa – ausbaufähig wirkt

Sicher, nur der Umgang mit dem Geld der Steuerzahler entscheidet über das Ansehen der Politiker. Im Falle von Straßburg allerdings trifft die Parlamentarier keine Schuld an den zusätzlichen Kosten. Sie müssen laut europäischen Verträgen in den Gebäuden tagen, die ihnen von der Gastregierung zugewiesen werden und für die sie Miete zu zahlen haben.

Dennoch tragen solche und andere Nachrichten nicht gerade zum Renommee des Europaparlaments bei, und vor allem Ansehen braucht ein Parlament, das in der institutionellen Triade der EU nach dem Ministerrat und der Brüsseler Kommission das schwächste Glied ist. Seine 626 Abgeordneten (Jahr 2000) haben trotz kleiner Aufwertungen ihrer Befugnisse durch die Verträge von Maastricht und Amsterdam selbst im Vergleich mit dem abnehmenden Einfluss nationaler Parlamente wenig zu sagen. Verständnislos nehmen die gut 380 Millionen Bewohner der EU zur Kenntnis, dass es das Wechselspiel zwischen Regierungsparteien und Opposition im Europäischen Parlament nicht gibt. Der europäische Regierungsersatz, die Brüsseler Kommission, muss sich ohnehin vor dem Zorn der europäischen Parlamentarier wenig fürchten: Das Parlament kann nämlich einen Kommissar wegen Verfehlungen nicht einfach seines Amtes entheben. Wollen die Parlamentarier einen Einzelnen aus der Kommission loswerden, müssen sie dem gesamten 20-köpfigen Kollegium das Misstrauen aussprechen.

Hoher Besuch im Hohen Haus: Frankreichs Präsident Jacques Chirac spricht vor den 626 Abgeordneten der Europäischen Union im Plenarsaal des neuen Europaparlaments

Die Erkenntnis, wie die Großmächte in den Zeiten des Kalten Krieges über eine Waffe zu verfügen, die sie niemals einsetzen können, hat schon manchen Parlamentarier zu Wutanfällen getrieben. Das „Europa der Bürger" und die von allen Seiten gewünschte „Transparenz" der europäischen Institutionen sind mit solch stumpfen Waffen nicht durchzudrücken. Gegen das „Brüsseler Sowjetsystem", wie die europafreundliche *Frankfurter Allgemeine Zeitung* die Funktionsweise der Brüsseler Kommission einmal beschrieb, haben sie nur Berichte als Waffen im Köcher, die allerdings meist im Sumpf der europäischen Aktenproduktion untergehen. So etwa der Bericht der CSU-Abgeordneten Gabriele Stauner, die herausfand, wie ein Kommissionsdirektor, der Geld veruntreut hatte, systematisch von seinen Kollegen vor Strafverfolgung oder disziplinarischen Konsequenzen abgeschirmt wurde. Selbst wenn Stauners Bericht Furore gemacht hätte: Ihre Wähler hätten es ihr wahrscheinlich noch nicht einmal gedankt.

Denn mehr als 70 Prozent deutscher Fernsehzuschauer und Rundfunkhörer, so fand das Allensbach-Institut im Mai 2000 heraus, würden nichts vermissen, wenn in den Nachrichten EU-Meldungen aus Brüssel, Luxemburg und Straßburg nicht mehr vorkämen. Volksvertreter ohne Volk – diese Horrorvision für jeden Parlamentarier erklärt vielleicht, warum alle fünf Jahre gerade mal die Hälfte aller Wahlberechtigten in der EU von ihrem Stimmrecht bei der Europawahl Gebrauch macht.

Vielleicht erscheinen auch vielen Wählern die Regeln des europäischen Wahlrechts ein bisschen sehr humanistisch. Danach braucht ein deutscher Kandidat eine Million Stimmen, um nach Straßburg zu ziehen; sein luxemburgischer Kollege ist mit 80 000 Stimmen Europaabgeordneter.

Dennoch stellt im Kreise der vordemokratischen Strukturen von Kommission und Ministerrat das Parlament die Institution der EU dar, die den Vorstellungen der Bürger von Demokratie am nächsten kommt. „Wenn die EU in die EU aufgenommen werden wollte", karikierte der langjährige deutsche Parlamentspräsident Klaus Häntsch das demokratische Defizit der Union, „dann würde sie wegen mangelnder Demokratie abgewiesen." Was hätte also näher gelegen, als den Volksvertretern mit einem optimistischen Bau ein Symbol für den Aufbruch in eine neue Zeit der Transparenz in der EU zur Verfügung zu stellen?

Statt Optimismus aber legt sich schon im Eingang des Hauptgebäudes das vorherrschende Schwarz deprimierend auf die Seele des Besuchers. So als hätten die vielen inneren Widersprüche der Union auch die Zeichenstifte der Architekten geführt. Dies wird besonders deutlich an der rigorosen Trennung des Plenarbereichs von den Medien, zwischen die die Konstrukteure einen riesigen Canyon gelegt haben.

Ein kompliziertes System von Aufzügen und Gängen stellt überdies sicher, dass nicht jeder überall hingehen kann. Aber auch die Abgeordneten und die 5000 Bediensteten des Parlaments leiden unter dem Labyrinth, das die Architekten entworfen haben. Bewegungen von einem Teil des Komplexes zu einem anderen sind ohne Lageplan kaum erfolgreich zu beenden; Europas Volksvertreter verlieren viel Zeit mit ihren Gewaltmärschen durch die Institution.

Nicht ohne Zorn mussten die Abgeordneten während der ersten Sitzungen im neuen Parlamentsgebäude feststellen, dass die Gebäudeverwaltung den Fernsehkameras keinen Zutritt zum Plenarsaal gestattete. Ohnedies hatten die Architekten nicht daran gedacht, das Plenum mit ausreichend Licht für Fernsehübertragungen auszustatten. Europas Volksvertreter blieben anfangs unter sich.

Dass Abgeordnete die Presse als Transmissionsriemen für ihre Botschaften so dringend brauchen wie die sich im Canyon reckenden Pflanzen das Licht, muss den Architekten entgangen sein. Sie verbannten die Pressevertreter in eine schummerige Bar, in der man nur mit Mühe eine Zeitung lesen kann. Das Plenum liegt einen Fußmarsch weit von diesem Ort entfernt.

Zu allem Überfluss ergab eine Hygieneprüfung des Zentralgebäudes Anfang des Jahres 2000, dass die Klimaanlage den Virus der gefürchteten Legionärskrankheit ausstieß. Stolz meldete die Parlamentsverwaltung Anfang Mai die „thermische Vernichtung“ der Legionellen-Kulturen.

Die Verwaltung des Parlaments rechnet mit jährlich 200 000 Besuchern – und die müssen die Reise nach Straßburg von langer Hand vorbereiten. Die Kapazität des Hauses ist allein schon deswegen stark eingeschränkt, weil jeder Europaabgeordneter das Recht auf zwei Besuchergruppen aus seinem Wahlkreis pro Jahr hat.

„Das macht“, so rechnet Otmar Phillip vom Straßburger Parlament vor, „1252 Gruppen pro Jahr.“ Kein Wunder, dass sich die anderen schon Monate im Voraus anmelden, besonders in den Sommermonaten.

Ein Einzelner hat – vor allem zwischen November und Ende Februar – schon eher Aussichten, in das Parlament eingelassen zu werden. Er muss nur eine Telefonnummer in Straßburg wählen und nachfragen, ob für ihn noch Platz sei. „Meist klappt es auch“, versichert Phillip.

Wer außerhalb einer Sitzungswoche auf die Brücke über die Ill zurückkehrt, wird vielleicht beim Blick auf das verlassene Parlament einen leichten Schauer verspüren. Der Komplex wirkt wie ein abgeschalteter Reaktor, wie eine verlassene Raumstation – die Antithese für die täglich nachgewiesene Energie der europäischen Parlamentarier, Europa den Bürgern endlich etwas näher zu bringen.

Harald Hotze, *ehemals Leiter des Brüsseler* Spiegel-*Büros, arbeitet heute als freier Journalist in Brüssel.*
Gregor Lengler *ist freier Fotograf in Hamburg.*

Besichtigung des Europaparlaments: Vorherige Anmeldung ist beim Besucherdienst des Parlaments unter Telefon 03 88 17 20 07 erforderlich

Vom ewigen Leben einer

Elsässerditsch, ein fränkisch-alemannischer Dialekt mit überraschender Nähe zum Jiddischen, ist bis heute **d'Heimetsproch** in Familien, unter Nachbarn, im Umgang mit Handwerkern. Oft totgesagt, aber sehr lebendig. Neben Französisch, der Sprache fürs Intellektuelle und Offizielle. Und neben dem verwandten Hochdeutsch. Schriftstellerin **Sibylle Mulot** über sprachliche Vielfalt und Wirren im Elsass

Der Taxifahrer, der uns von Kehl nach Straßburg bringt, hat im Allgemeinen *no problem* auf der anderen Seite. Manchmal doch. *„Grad hent se no deitsch mitnander gschwätzt, un wemmerse aspricht, heißts: Moi nix allemand, français.“*

So sind sie, die Elsässer. „Aber“, ruft Alphonse Jenny, Ex-Bürgermeister von Kintzheim, pensionierter Sprachprofessor, „das passiert uns selbst auch!“ Im Wartezimmer eines Krankenhauses hörte er, wie zwei Patienten sich gemütlich auf Elsässerditsch unterhielten. Er wagt eine Einmischung – und blitzt ab. Die zwei verstummen, wechseln ins Französische. Zu Jennys Leidwesen, der gerade einen *„Précis Pratique de Grammaire Alsacienne“* verfasst hat, eine Elsässerditsche Lerngrammatik mit Hörkassette.

Der Fremde ist ein Fremder. Elsässer sind Meister im sprachlichen Abtasten. Sie kennen viele Sprachen und viele Register. Sie hören nach kurzer Zeit im Französisch eines unbekannten Elsässer Gesprächspartners, ob der auch im Dialekt aufgewachsen ist, und falls sie Lust haben, *d' Heimetsproch* zu reden, wechseln sie ins Elsässerditsch und haben viel Freude dran.

Ich frage Philippe Muller, einen 40-jährigen Redakteur bei *arte,* perfekt dreisprachig, aus dem Nordelsass stammend: Was ist eigentlich Ihre Muttersprache? Die klassische Antwort: „Kommt drauf an …“ Mit Eltern, den Nachbarn im Dorf, mit Handwerkern – Dialekt. Die größere Muttersprache, die Denk- und Hochsprache ist Französisch. Die perfekt beherrschte Fremdsprache ist Deutsch.

Als das Elsassgeschäft in den neunziger Jahren boomte, gaben Makler auf der deutschen Rheinseite Benimmkurse für ihre Kunden. Die frisch gebackenen Neuelsässer Hausbesitzer mussten sich zuerst vom Vorurteil verabschieden, im Elsass spreche man deutsch. Elsässerditsch ist nicht gleich Deutsch. Es ist viel älter als unser Deutsch. Gedruckt können wir es mithilfe eines Glossars entziffern. Gesprochen kann es völlig unverständlich sein. Außer für die Mundartsprecher auf dem anderen Ufer.

Nur noch ein Teil der 1,6 Millionen Elsässer praktiziert den fränkisch-alemannischen Dialekt, dessen Zartheit, Kraft und Farbigkeit, Schimpfwortreichtum und Derbheit von seinen Sprechern so geliebt wird. 1990 waren es laut Umfrage 71 Prozent oder 1,1 Millionen, die ihn noch sprachen oder verstanden. Acht Jahre später 60 Prozent oder 900 000, Tendenz rapide fallend. Man spricht ihn eher noch auf dem Land, die Alten mehr als die Jungen, Männer mehr als Frauen. Vielleicht, weil Frauen instinktiv ihr Handicap in der paternalistischen elsässischen Gesellschaft durch eine Orientierung an der Moderne, an der französischen Sprache ausgleichen wollen.

Einige haben den Dialekt fürs Jahr 2030 mausetotgesagt. Viele hatten ihn aber schon für heute totgesagt, und er ist sehr lebendig.

Wie jede schrumpfende Sprache entfesselt er heftige Kämpfe, die das öffentliche Leben erhitzen. Mit Lust hauen sich die gegnerischen Parteien die Vorwürfe um die Ohren. Die Dialektfraktion schimpft auf die Jakobiner, auf die „Französische Kulturdampfwalze“, die alles Nichtfranzösische im eigenen Land platt machen will. Die Angegriffenen kontern mit Begriffen wie: beschränkte Folkloristen, Separatisten, Pangermanisten, Blut-und-Boden-Nostalgiker.

Die Dialekt-Vorkämpfer visieren eine Dreisprachigkeit an: Französisch als Nationalsprache, Elsässerditsch als Muttersprache, Hochdeutsch als Schriftform des Dialekts. Die Jakobiner dagegen – sie sind des Elsässerditschen oft mächtig, holen es in ihren Sonntagsreden wieder hervor, haben aber nichts gegen die langsam absterbende Zweisprachigkeit, denn sie wollen nur mit Hochdeutsch nichts zu tun haben. Da sind alte Wunden noch nicht vernarbt. Man befürchtet Einmischung unliebsamer deutscher Kreise.

Als wir in Frankreich ein Haus kaufen wollten, suchten wir zuerst im Nordelsass, rund um Haguenau. Das weinlose Land gleicht hier „einem Meer aus Hügeln, die mit Obstgärten, Weizen-, Mais-, Tabak- und Rapsfeldern übersät sind“, wie Claude Vigée in seinem Erinnerungsroman „Bischweiler

sterbenden Mundart

oder Der große Lebold" schreibt. Wer hier ein Haus kauft, kriegt drei, ob er will oder nicht: Haus, Fruchtstub und Scheuer. Alle sanierungsbedürftig. Verfallende Gemäuer mit Sandsteinbögen.

In meinem Leben hatte ich noch nie Elsässerditsch gehört. Ich bat den Bauern, der uns das Haus zeigte, für uns Dialekt zu reden. Er begann, ich lauschte. Ich verstand nichts. Aber es klang wie Jiddisch! Das Jiddisch, das ich in Wien bei Bekannten gehört hatte, die aus Polen stammten. Sie hatten mit dem Elsass nichts zu tun. Und der Bauer nichts mit Ostjiddisch oder mit Polen.

Immer wieder der Anklang. Ob in der Fußgängerzone von Mulhouse, in der Winstub, auf den Dörfern. Sprach das ganze Elsass jiddisch? Ich glaubte an Hörgespinste. Bis mir Armand Peter, Straßburger Ausstellungsmacher und Inhaber der kleinen, in drei Sprachen publizierenden *bf éditions* in der Rue Ste-Hélène 14, erzählte, wie es war, als er zum ersten Mal Jiddisch hörte. Er dachte, es sei Elsässerditsch.

Eine Erklärung muss weit zurückgreifen. Nach ihrer Vertreibung aus England (1290) und Frankreich (1394) sammelten sich die Juden bei ihren Glaubensbrüdern im Rheinland. Sie übernahmen den fränkisch-alemannischen Dialekt in seiner spätmittelhochdeutschen Form, reicherten ihn mit den heiligen hebräischen Wörtern an und nahmen ihn bei ihrer Auswanderung nach Polen mit. Grundzüge, Aussprache und Melodie blieben 500 Jahre erhalten – trotz Überlagerung durch andere deutsche Mundarten und neuerlichen Einfluss des Hebräischen und Slawischen. Die Elsässer ihrerseits hoben den alten Dialekt in relativer Abgeschlossenheit gleichfalls auf, machten aber bestimmte Verschiebungen zum Neuhochdeutschen auch nicht mit – trotz aller Unterschiede, die Ähnlichkeit ist da.

Ich frage Professor Jenny, wie er im Dialekt die Tatsache ausdrücken würde, dass jemand eine gute Konstitution und ein starkes Herz hat. Antwort: *„Er hot a güeter kerwerböj un ä storks herz."* Eine anwesende Dialektkundige protestiert. *Kerwerböj* (Körperbau) erscheint ihr zu technisch. War Konstitution nicht vielmehr ... *natür*? Allgemeine Zustimmung. *„Er hot a güeti natür un ä stork herz." Stork* ohne s, so, wie wir im Deutschen noch immer „schön Wetter" oder „lieb Kind" sagen können.

Tatsächlich ist dies der Satz, den ein deutscher Student in den zwanziger Jahren, lebensgefährlich erkrankt im tiefsten Polen, in seinem Fieberwahn plötzlich wie eine Offenbarung vernahm. Eine Stimme sagte durch das ihm unverständliche Polnisch hindurch: *„Er hot a gite natür un ä stork herz."* Der jüdische Dorfarzt war angekommen. Mit seinem beruhigenden Satz rettete er ein Leben.

Im Dorf Bischholtz stand vor Jahren ein riesiges Bauernhaus mit zwei Gaststuben zum Verkauf. Die junge Frau, die es uns zeigte, war so liebenswürdig, dass wir ihr das dreifach bröckelnde Gemäuer fast abgekauft hätten. Ich wollte wissen, was die Dorfkinder sprächen. „Zu Hause Elsässerditsch", sagte sie lächelnd. „Wenn sie zwei, drei Jahre alt sind, bringen wir ihnen ein paar Sätze Französisch bei, für die *École maternelle*. Dort lernen sie richtig Französisch."

Diesen feierlichen Augenblick beschreibt Vigée so: „Auf Elsässisch verkündete die Lehrerin, dass wir nun endlich Französisch lernen würden. Wir öffneten die bebilderte Fibel auf der Seite mit dem hübschen Hasen, und sie sagte zu uns: *‚E lapin esch e Haas.'* So lernte ich in der Schule mein erstes offizielles französisches Wort, zusammen mit etwa 30 verblüfften Mitschülern, die losprusteten, als sie diese Neuigkeit vernahmen. Bischweiler lag ja inmitten einer Hasenkolonie, jede Menge Hasen hoppelten nahe der Stadt durch das sandige Ried. Und da sagte man uns, der richtige Name für Haas sei *lapin* ...?"

Vigée, der lange Jahre Literaturwissenschaft in Boston und Jerusalem lehrte, schreibt in vielen Sprachen. Gedichte oft im Dialekt. Seine wunderbar schimmernde Erzählprosa auf Französisch. Wer wissen will, wie sich das ländliche Elsass anfühlte, lese seinen Lebensroman.

„Französisch" – so beschreibt der verstorbene Germain Muller seine frühe Zweisprachigkeitserfahrung – „verschmolz in unseren Köpfen mit dem Dialekt. Beides bildete eine Einheit, wir begannen damit zu spielen und tun es heute noch. Französisch ist unsere Hochsprache, besonders geeignet zum Ausarbeiten intellektueller Konzepte, zum Ausdruck komplexer Zusammenhänge." Der Dialekt nicht? „Nein. Höchstens auf dem Umweg übers Hochdeutsche. Was dabei herauskommt, nennen wir Pfarrerditsch."

Das Gefühl, ihre Muttersprache sei zum Aussterben verurteilt, begleitet die Elsässer schon lange. Im Mullers Kabarett „Barabli" sang der ganze Saal seit 1963 nach jeder Vorstellung über Jahrzehnte hinweg wie eine zweite Nationalhymne das Lied: *Mer senn die Letschde, d'Allerletschde/Vun denne Lätze, wo noch so babble/Wie de Schnawwel ne gewachsen isch./Nooch uns isch ferti mit dem Trafari/Un no wurd endli im ganze Fronkri/Ge-parlez-vous numme Franzeesch. Un s'isch erecht eso, mir han's eso gewelt ... Un trotz-*

dem klingt's fascht wie Remord/Und raimt gar licht mit ere Bües/Wenn mr sinre ajene Sprooch/E Lied in's Grab nin singe müess… (Anm. der Red.: *lätz:* verkehrt; *Trafari:* Spektakel; *Remord:* Schuldgefühl).

Generationen von Kabarettbesuchern jagte es Tränen in die Augen und Schauer über den Rücken. 1983 fügte Germain Muller ein kleines Wort in die erste Zeile ein. *„Mer senn schins d'Letschde…"* Nur scheinbar. Seit dem Erlass des Bildungsministers Savary zur überfälligen Regionalisierung (1982) gab es für Basken, Bretonen, Korsen, Katalanen, Okzitanier und Elsässer wieder Hoffnung. Hauptziel war der freiwillige zweisprachige paritätische Unterricht vom Kindergarten an, 13 Stunden auf Französisch, 13 Stunden in der Regionalsprache. Und genau hier begann das Problem. Elsässische Eltern wollten ihre Kinder zweisprachig unterrichten lassen. Aber… in welcher zweiten Sprache?

Der Elsässer Dialekt variiert von Dorf zu Dorf. Er besitzt weder einheitliche Sprechnorm noch Schriftform. Sagt man im Norden *Isch ben gewen,* so im Süden *Iach bin gesin*. Milhüserditsch ist nicht gleich Kolmererditsch ist nicht gleich Steckelburjerditsch (Straßburg). Wenn auch jeder jeden versteht. Elsässerditsch ist eine Mundart, und die ihr verwandte Hochsprache ist Deutsch…

Wie sagte der Vater in Germain Mullers Pfahldorfsketch zum Sohn? „Bue, vergess es nie… din Vaterland isch keltisch!" Darauf die Mutter: „Un deine Muttersprache… isch deutsch!" Der Sohn (auf Französisch): „Das war für mich der Beginn einer langen, schrecklichen Zerreißprobe", (auf Deutsch): „Eine grauenvolle Spaltung meines Doppelwesens! Spielball des Schicksals zwischen zwei ständig aufeinander stoßenden Böcken und Blöcken!" Schließlich, im Dialekt: „E richtigi Kataschtroph…"

In Deutschland oder Österreich gehören die Mundarten zur selben Sprachfamilie wie die Hochsprache. Diese modernisiert den Dialekt unaufhörlich, der Dialekt bereichert die Hochsprache. Mundartsprechen in solchen Ländern entwickelt sich. Verwässert unter Umständen langsam, aber veraltet nicht, stirbt nicht aus.

Anders im Elsass. Zwar sind die Elsässer große Verehrer des deutschen Lieds. Legt ein dörflicher Stammtisch richtig los, unterscheidet er sich bald „in nichts mehr von einem Feuerwehrball in der deutschen Provinz", so Sabine Schneider, die frühere Wirtin des Gasthofs „Bœuf d'Or" in Zinswiller. „Gesungen wird alles, von ‚Anneliese, ach Anneliese' bis zu ‚Warum ist es am Rhein so schön'." Aber der Hang zum Lied auch in großbürgerlichen Kreisen („Stille Nacht, Heilige Nacht") kann nicht darüber hinwegtäuschen, dass das Hochdeutsche im Elsass nur noch in geringem Umfang praktiziert wird. Deutsche Bücher sind mangels Nachfrage aus Büchereien und Buchhandlungen fast verschwunden, die deutschen Ausgaben der beiden Tageszeitungen werden wenig gekauft. So dauerte es denn auch volle zehn Jahre, bis 1991 die ersten privaten, französisch-hochdeutschen Klassen eingerichtet wurden. Dieses Recht hatten sich Elterninitiativen schließlich erzwungen, von den Vorzügen einer frühen Zweisprachigkeit – bessere Noten auch in Englisch und in Mathe – zutiefst überzeugt. Danach sprang die *Éducation nationale* auf den fahrenden Zug, in ihrer klassischen Doppelrolle als Heizer und Bremser. Heute gibt es über 300 mehr oder weniger funktionierende bilinguale Klassen für vier Prozent aller Schüler, die meisten staatlich. Tendenz rapide steigend. Mehrsprachigkeit findet im Elsass theoretisch hohe Akzeptanz. Und praktisch? Kam die mühsam erkämpfte Wiederaufwertung des Dialekts, die Wiederzulassung des Hochdeutschen zu spät, um den Dialekt noch zu retten?

In Straßburg entsteht im alten „Cameo"-Kino das Europäische Studienzentrum für jiddische Kultur, auf Anregung von Tomi Ungerer (s. Interview S. 32). Hier versucht der Soziolinguist Freddy Raphael zu bewahren, zu erforschen, vielleicht wieder zu beleben, was früher zum Elsässerditsch wie ein Zwilling gehörte: das Elsässerjiddisch (Westjiddisch), das vor dem Zweiten Weltkrieg in zahlreichen Landgemeinden auch von Nichtjuden verstanden wurde. Dieses „Jiddischdajtsch" können heute nur noch ganz wenige Menschen. Es ist noch kräftiger und farbiger im Klang als Elsässerditsch, gespickt mit bildhaften Wendungen und hebräischen und aramäischen Elementen.

Ein allgemeines Umdenken hat auch hier eingesetzt – gegen das Vergessen. Eine kürzlich fertig gestellte Karte der „Agence de Développement Touristique du Bas-Rhin" verzeichnet zahlreiche jüdische Friedhöfe und Synagogen (s. Tipps und Hinweise S. 126). Dieses vielgestaltige Erbe des Elsass soll erhalten werden, darüber sind sich auch erbitterte Gegner einig.

Wir fanden unser Haus schließlich in der Franche-Comté, 30 Kilometer hinter der Sprachgrenze, mit dem Ballon d'Alsace im Blick. Für eine deutsch-niederländisch-französisch-dreisprachige Familie ein überschaubarer Ort…

Das Bauernhaus im liebenswürdigen Bischholtz kaufte der Elsässisch sprechende deutsche Filmemacher Pepe Danquart. Er hat das Dorf, seine Bewohner und ihre Sprachen im Dokumentarfilm „Streifzüge durch das Elsass" verewigt. Bei der Kommunalwahl 1995 bekam die Extreme Rechte dort übrigens von 298 Wahlberechtigten genau drei Stimmen. Auch das gibt's – im Elsass.

Sibylle Mulot, *Dr. phil., erhielt für ihren Roman „Nachbarn" den Preis des elsässischen Büchersalons Marlenheim. Sie lebt in der Franche-Comté.*

Literatur-Tipp: Claude Vigée, Bischweiler oder Der große Lebold, aus dem Französischen von Lieselotte Kittenberger, Verlag Das Arsenal, Berlin, 1998, 2 Bde., zusammen 68 DM Autobiografische Erzählung von jüdischer Kindheit und Jugend im Elsass der zwanziger und dreißiger Jahre des 20. Jahrhunderts: heiter-finsteres Sittengemälde aus dem Kleinstadtleben in einem umstrittenen Grenzland

1.800 m Höhe! Von hier oben sieht mein Terminkalender banal aus.
Die griechischen Berge! Der Platz, von dem die Götter auf die Menschen herabschauten. Vor diesem grossartigen Panorama fühle ich mich einfach göttlich. Als ich den Berggipfel erreichte, war ich für immer verzaubert von der Magie und Schönheit dieser Welt - mit Körper, Herz und Seele.
Was für eine Freude! Was für ein Land!
Was für ein Leben!
OLYMPIC AIRWAYS
Griechenland
Das ist Leben!
GRIECHISCHE ZENTRALE FÜR FREMDENVERKEHR: Direktion für Deutschland:
Neue Mainzer Strasse 22, 60311 Frankfurt Main, tel.: (069) 236 561-63, fax: (069) 236 576
Büro Berlin: Wittenbergplatz 3a, 10789 Berlin, tel.: (030) 217 6262-63, fax: (030) 217 79 65
Büro München: Pacellistrasse 5, 80333 München, tel.: (089) 222 035-36, fax: (089) 297 058
Büro Hamburg: Abteistrasse 33, 20149 Hamburg, tel.: (040) 454 498, fax: (040) 454 404
e-mail: info@gzf-eot.de web site: www.gnto.gr

Netzwerk

Seit rund zehn Jahren wirft der Fischer Adrien Vonarb auf dem Rhein seine Netze aus. Er verbringt halbe Tage in seinem Boot. Bisher sind ihm 37 Fischarten in die Maschen gegangen

Rheinfischer ziehen Barben und Bärtlinge aus dem Fluss. Karpfenzüchter holen fette Beute aus ihren Teichen im Sundgau. Eine Reportage über die Regeneration des Ökosystems, über Lachse, die wieder im Strom schnellen, und Menschen in Gummischürzen und wasserdichten Latzhosen

TEXT: BARBARA SCHAEFER, FOTOS: CHRISTIAN KAISER

Wenn Lachs-Babys ausgewildert werden, hat Gummi Hochkonjunktur. Von Experten in wasserdichter Berufskleidung wurden seit 1987 rund 1,5 Millionen Klein-Lachse im Rhein und in seinen Nebenflüssen ausgesetzt

Aus dem Eimer in die Freiheit: Lachszüchter Olivier Sommen und eine Mitarbeiterin entlassen Jungfische ins große Abenteuer der plätschernden Ill (unten) und der spiegelnden Rheinauen (rechts)

Die beiden Männer tragen grüne Latzhosen und stehen bis zum Nabel im Wasser. Man könnte sie für Angler halten. Um sie herum windet sich der Altrhein an Kiesbänken vorbei, drängen Bäume ans Ufer, gurgelt Wasser über kleine Stufen.

Ein optimales Fischrevier, durch das Nicolas und Olivier waten. Doch sie angeln nicht, im Gegenteil: Sie setzen Fische aus. Schrittweise durchqueren sie den Rheinarm bei Kembs, zwischen sich eine Plastikwanne, in der 6000 streichholzkleine Fische in gut temperiertem Wasser umherflitzen. Gut temperiert heißt 7,4 Grad, denn soviel misst an diesem Frühlingstag der Fluss, und so haben Lachse es gern.

Als 10-Jähriger verkündete Olivier Sommen 1980, dass er Lachszüchter werden wollte. Seine Eltern waren verblüfft, denn die Familie brachte eher Landwirte, Fabrikarbeiter oder Lehrer hervor. Vor 100 Jahren wäre dieser Wunsch wenig überraschend gewesen. Damals gab es im Elsass Lachse und Lachszüchter. Doch um 1950 machte man dem Fisch den Garaus, 1970 war der Rheinlachs schon Legende und 1980 der Rhein derart verschmutzt, dass einige Jahre später ein spektakulärer Chemieunfall in Basel nur noch der ätzende Tropfen war, der das Fass zum Überlaufen brachte. Heute arbeitet Olivier Sommen für das Programm „Lachs 2000“: Zusammen mit dem Biologen Nicolas Proust von der „Association Saumon-Rhin“ setzt er mehrmals im Jahr Lachse im Rhein und in seinen elsässischen Zuflüssen aus.

Als im Jahr 1817 der Geometer Johann Gottfried Tulla seine Arbeiterbrigaden ausrücken ließ, um den Rhein zu begradigen, wurde die Aktion als Großtat gegen die Hochwassergefahr gefeiert. Er ließ mehr als 200 Kilometer Uferdämme bauen, 30 Rheinschleifen durchstoßen und unzählige Seitenarme des Flusses in einem einzigen, 250 Meter breiten Kanal bündeln. Doch durch den massiven Eingriff kam man vom Regen in die Traufe: Weil die Dämme den Fluss von seinen Überflutungsräumen abschnitten, nahmen Extremhochwasser dramatisch zu. Früher brauchte das Rheinwasser von Basel bis Karlsruhe zweieinhalb Tage, heute sind es nur noch 28 Stunden. Ausgedehnte Auwälder wurden vom Strom getrennt, durch die Begradigung beschleunigte sich die Erosion des Flussbetts, der Grundwasserspiegel sank, 80 Prozent der Wälder und 10000 Hektar Arme und Altwasser des Rheins verschwanden – und damit praktisch die gesamten Laichgebiete des Lachses. Als Ende des 19. Jahrhunderts auch noch die Wasserkraft genutzt wurde, war aus dem wilden Fluss ein lahmer Stromlieferant geworden, eine Wasserstraße und ein Abflussrohr für Chemieabflüsse, Jauche und Pestizide.

Dem Lachs gefiel das nicht. Als Wanderfisch lebt er die ersten Jahre im Fluss, dann zieht er ins Meer, später kehrt er an seinen Geburtsort zurück, um zu laichen. Wenn er kann. Im Rhein versperrten Staumauern seinen Fernwanderweg, das zu schnell abfließende Gewässer verhinderte das Ablaichen. Schon um 1840 schwammen deutlich weniger Lachse im Rhein und seinen Zuflüssen. Ähnlich schlecht erging es der Meerforelle.

Das ärgerte den Vogesen-Fischer Joseph Rémy. Jahrelang beobachtete er das Treiben der Forellen, dann bastelte er einen Holzkasten, setzte ihn ins fließende Gewässer, streifte einer Forelle die Eier ab und streute den Samen eines Männchens darüber. Einige Tage später bildeten sich die Augen, und bald darauf schlüpften Jungfische: Die moderne Fischzucht war erfunden.

Kaiser Napoleon III. bewilligte Geld für den Bau einer Fischzuchtanstalt, 1852 war sie in den Rheinauen bei Huningue vollendet. Dieses letzte Fitzelchen Wildfluss heißt heute *La Petite Camargue Alsacienne*. Es ist ein Naturschutzgebiet – und ein Wunder. Deplatziert wie ein Feuchtbiotop auf dem Mittelstreifen einer mehrspurigen Autobahn, so versteckt sich diese Urlandschaft vor Bedrohungen von allen Seiten, eingezwängt zwischen einem schnurgeraden Kanal, einer Schnellstraße und den Chemieschloten der Großstadt Basel. Über ihr liegt die Einflugschneise des Flughafens Basel-Mulhouse.

Doch: Auf einem Acker, auf dem vor einem Jahr noch Mais wuchs, hat das zugeleitete Rheinwasser einen flachen Tümpel gebildet, den ein Schwan bewohnt. Jenseits des Schilfgürtels halten schottische Hochlandrinder das Buschwerk niedrig. Frösche quaken, Schwalben zwitschern, Schmetterlinge gaukeln im mannshohen Ried, in dem der Wind rispelt. Die Bohlenbretter der Rundwege schmatzen seufzend unter jedem Schritt. Im Zentrum dieser feuchten alten Landschaft stehen die renovierten Gebäude der Fischzuchtanlage.

Lachszüchter Olivier Sommen ist ein Mann mit ruhigen Bewegungen und bedächtigen Worten. Aber wenn im alten Trakt die Alarmglocke gellt, stürzt er in langen Sätzen über den Hof und drückt auf alle Knöpfe des Sicherungskastens – laut schimpfend, denn er muss häufig eingreifen. Die Leitungen sind marode, immer wieder fällt der Strom aus. Seit drei Jahren plagt er sich schon mit der alten Fischzuchtanlage herum, jahrzehntelang lag sie brach.

Bis 1987 die Internationale Kommission zum Schutz des Rheins (IKSR) beschloss, „Lachs 2000“ zum Pilotprojekt für die Entwicklung des Ökosystems Rhein zu erklären. Mit ihm erhofft man sich die Rückkehr verschollener rheintypischer Arten. Lachse stellen hohe Ansprüche an ihren Lebensraum: vor allem kühle, sauerstoffreiche Fließgewässer. Mit der Wasserqualität ist die Schutzkommission inzwischen einigermaßen zufrieden: „Der Rhein weist ganzjährig keine Sauerstoffdefizite mehr auf, Schwermetalle und organische Stoffe sind massiv zurückgedrängt worden.“ Sorgen bereiten noch die Landwirtschaft, besonders die stark gedüngten Maiskulturen in den Rheinebenen des Elsass.

Die „Association Saumon-Rhin“, der französische Partner der IKSR, hat im Rhein und in den Nebenflüssen bereits 1,5 Millionen Lachse ausgesetzt. Zu Beginn wurden noch Lachseier in der Bretagne gekauft, das Stück für 50 Centimes, doch seit 1997 gibt es Nachwuchs aus eigener Produktion. Ein Foto im Prospekt der Association zeigt ein Prachtexemplar, das am 31. Oktober 1995 unterhalb der Staustufe Iffezheim gefangen wurde: der erste zurückgekehrte Lachs im Rhein seit mehr als 40 Jahren. Er wurde wieder ins Wasser entlassen, da Lachsfang im Rhein bis 2003 verboten ist. Erst einmal soll sich eine sich auf natürliche Weise vermehrende Population bilden.

Lachse, die Elsässer Speisekarten veredeln, sind allesamt importiert und gezüchtet (Rheinlachs wäre ein Wildlachs). Ein klassisches elsässisches Gericht, Lachs auf Sauerkraut, wird nur noch selten serviert.

Kein Problem ist es hingegen, eine andere Spezialität aufgetischt zu bekommen. Es genügt, in den Sundgau zu fahren und den Schildern *Routes de la Carpe frite* zu folgen. Der lehmige Boden in diesem Hügelland bietet die beste Voraussetzung, Teiche und Tümpel anzulegen und darin Karpfen zu züchten.

Die „Pisciculture Kohler“ in Friesen betreibt ihr Familienunternehmen in zweiter Generation. In den gemauerten Becken hinter dem Haus tummeln sich Zentner von Spiegelkarpfen. Auf

Die Nachfrage nach ihm ist groß: Marie-Paule Stalder mit einem Karpfen aus Sundgauer Zucht

Die Netze von Adrien Vonarb sind weitmaschiger als vorgeschrieben. Eine ausgewachsene Brachse ist ihm allemal lieber als zehn kleine Fische. Die Idsteiner Schwellen im Rhein gehören zu seinem Revie

Großmäulige Delikatesse; Zuchtkarpfen aus den Fischteichen des Sundgaus

der Hofeinfahrt verstreut liegen zehennagelgroße Schuppen, die in der Sonne glänzen wie Perlmutt. Marie-Paule Stalder, eine gewichtige junge Frau mit Gummischürze, steht an der blitzenden Aluschlachtbank und schuppt, dass es nur so raspelt und schabt. Das habe sie schon als Kind getan und nie einen anderen Beruf in Betracht gezogen: „Ich bin sie halt gewöhnt, die Fische."

Einige 100 Meter weiter gründeln die schweren Brocken im familieneigenen Weiher. Doch nicht alle Karpfen sind Eigenzüchtung, etwa ein Viertel wird in Lyon dazugekauft. Die Nachfrage der Restaurants sei groß, erzählt Marie-Paule Stalder. „Wir kommen mit dem Liefern kaum nach."

Und dann ist da noch der Kormoran. Während der Fischreiher am Ufer entlangstelzt und sich seine Happen herauspickt, fallen ganze Kormoran-Horden über einen Weiher her wie Festzeltbesucher über Freibier. Sie treiben Jungfische in die Enge, stürzen herab, tauchen bis zu zehn Meter tief und holen sich die Beute. Nach einem Winter mit solchen Überfällen können Weiher leergefischt sein, sagen Fischzüchter.

Patrick Bohn, Fischaufseher des Départements Haut-Rhin, bestätigt das. Soll also der geschützte Kormoran teilweise wieder zum Abschuss freigegeben werden? Bohn windet sich, er möchte zu dieser Frage offenbar nicht Stellung nehmen und antwortet mit Fakten. 1500 Kormorane überwinterten im Elsass. Und Fischfang in den reich bestückten Teichen sei für die schwarzen Gesellen natürlich viel einfacher als im Rhein.

Ob Fische fangen einfach oder schwer, die Beute groß oder klein ist, scheint Adrien Vonarb wenig zu interessieren. Er verbringt halbe Tage auf dem Rhein, doch sein Leben verlief nicht wie ein ruhiger Fluss.

Der heute 50-Jährige war Chemielaborant und hatte zwei Hobbys: Musik und Angeln. Er träumte, von seinen Hobbys leben zu können: Ende der siebziger Jahre kündigte er. Er unterrichtete Akkordeon und Mundharmonika, komponierte und spielte in mehreren Musikgruppen, und wenn er Zeit fand, ging er an den Fluss und versuchte, mit Fliegenfischen gegen zu viel Kaffee und Stress und zu wenig Schlaf anzugehen. Er hatte immer weniger Zeit, dafür aber immer häufiger Kopfschmerzen. „Ich hör' auf", sagte Vonarb ein zweites Mal. Er beantragte eine Lizenz für Rheinfischerei und begann, Netze auszulegen. Gelernt habe er das bei niemandem, erzählt er. Es hat ja schon lange keine Rheinfischer mehr gegeben.

„Die Temperatur ist über Nacht um ein Grad gefallen. Kein gutes Zeichen", orakelt Vonarb und steigt in dicken Pullis und grüner Latzhose in seinen metallenen Kahn. Sieben Grad hat das Wasser, die Luft ist am frühen Morgen ebenfalls weit entfernt von Frühlingstemperaturen, es nieselt. Mit einem Stechpaddel und ruhigen Zügen arbeitet Vonarb sich auf eine rote Boje zu, zieht sie an Bord und beginnt, seine Netze einzuholen. Schlag für Schlag stopft er eine Armbeuge voller Maschengewirr in eine blaue Plastiktonne. „Da zuckt nix", sagt er ein ums andere Mal. Er habe es sich gleich gedacht: Wenn es kälter wird, ziehen die Fische nicht umher.

Adrien Vonarb hat 37 verschiedene Fischarten aus dem Rhein geholt, doch die Leute kennen ja nur noch Forelle, Hecht und Zander. Bachschmerle und Rotfeder jedoch, Nase, Aland und Hasel seien früher das tägliche Brot der Menschen am großen Strom gewesen. Anfang des vorigen Jahrhunderts wurden 47 einheimische

Adrien Vonarbs Fanggebiet erstreckt sich über 83 Rheinkilometer. Da ist Logistik vonnöten: Vonarb muss sein Boot öfter mal an Land ziehen, auf den Anhänger verfrachten und an anderem Ort wieder zu Wasser lassen

Fischpastete im Teigmantel aus dem Hause Vonarb: Der Rhein ist wieder gut für die feine Küche

Arten gezählt, zwischenzeitlich war die Zahl auf 23 zurückgegangen.

„Da ist was, da ist was!" Aufgeregt zerrt Adrien Vonarb am Netz. Vier große Brachsen, eine Karpfenart, rutschen ins Boot. Ihre Größe ist kein Wunder: Der Fischer arbeitet mit Netzen, deren Abstände weit größer sind als das Mindestmaß: 12 Zentimeter, manchmal sieben. Vorgeschrieben sind nur vier. „Was soll ich mit so kleinen Fischen!", sagt er. Sein Fang kommt zu Hause zunächst in ein Becken. Auf Bestellung werden die Brachsen und Aale, Quappen und Döbel, Ukeleien und Güster, Flunder, Barben und Blaubandbärtlinge ausgenommen und an renommierte Restaurants geliefert oder von Vonarbs Frau zu Pasteten, Terrinen und Fischpasteten verarbeitet.

Das zweite Netz liegt leer in der Tonne. Vonarb blickt mit seinen jeansblauen Augen über den Fluss. „Wo sind sie nur, die Fische?", nuschelt er. Mit den Zähnen hält er ein Tauende fest, das Wasser tropft ihm in den grauen Vollbart. „Ist das Rheinwasser sauber?" Vonarb schaut verwundert. Bei Verschmutzungen des Wassers dürfe er seine Fische nicht verkaufen. Das sei ihm eingebläut worden. „Aber ich habe bis jetzt nie ein Verbot auferlegt bekommen."

Am schönsten sei es im Winter auf dem Fluss, bei minus fünf, minus zehn Grad. „Kein Mensch weit und breit. Da ist man ganz allein." Vonarbs Blick schweift über das matt bleigraue Wasser: „Der Mensch ist zu klein, vor allem, wenn er etwas gegen die Natur macht." So sei das doch gekommen mit den Hochwassern. „Die Menschen haben verlernt, mit der Natur zu arbeiten. Sie wollen alles beherrschen, aber sie macht immer noch, was sie will."

Wer das denkt, ist nicht verärgert, wenn nur vier Brachsen in seinem Boot liegen. „Die Fische sind schon da. Man muss sie nur fangen", sagt Adrien Vonarb und denkt schon an den Abend. Soll er dann die Netze flussabwärts legen? Da gebe es einen Graben im Rhein, da versammeln sie sich, „Fische über Fische", schwärmt er. Oder weiter flussaufwärts, bis zu den beiden Birken? Da habe er schon 200 Kilo im Boot gehabt. Auf keinen Fall jedoch unter der Hochspannungsleitung: „Da ist mir noch nie ein Fisch ins Netz gegangen. Nicht einer."

Abschied von Olivier Sommen. Zum letzten Mal dreht sich unser Gespräch um den Lachs, dieses Wunder der Natur. Tausende von Kilometern schwimmt er erst mit dem Strom, durch die Nordsee, durch das Nordmeer bis um die Gewässer um Grönland. Ein paar Jahre tummelt er sich in der großen weiten Wasserwelt. Wenn er sich nicht von Trawlern fangen, von Haien fressen oder Eisbären vernaschen lässt, hat das unbeschwerte Leben dennoch irgendwann ein Ende. Er haut sich ordentlich den Bauch voll, denn nun zieht ihn sein Wandertrieb nach Hause. Es treibt ihn nach Süden, und da findet er die Rheinmündung.

Hunderte von Kilometern schwimmt der bis zu zehn Kilogramm schwere Brocken nun gegen den Strom. Über Fischtreppen wuchtet er sich aufwärts, und er wird merklich schlanker. Denn zurückgekehrt ins Süßwasser, frisst er nicht mehr. Unser Lachs müht sich über die elf Meter Höhenunterschied an der Staustufe Iffezheim, jetzt hat er es fast geschafft. Noch einige Kilometer leichtes Gewässer, in immer natürlicherer Umgebung, raus aus dem Rhein, raus aus dem Rheinkanal, rein in den reinen Altrhein. Auf dem Wasser wird braunes Laub treiben, es wird November sein. Im Kiesbett bei der Biegung des Flusses wird unser Lachs, wenn es ein Weibchen ist, flache Gräben ziehen und Ballast ablegen: 20000 Eier. Ein männlicher Lachs wird seinen Samen darüber geben, 18000 Fische werden schlüpfen, 2000 bis nach Grönland schwimmen.

Wie hat unser Lachs den langen Weg zurück in den Rhein gefunden? Was bringt ihn wieder nach Hause? „Der Geruch des Flusses", sagt Olivier.

Barbara Schaefer, *ist freie Journalistin in Berlin.*
Christian Kaiser *arbeitet als freier Fotograf in Hamburg.*

MERIAN TIPP

RESTAURANTS

Hier wird gebratener, gebackener und fritierter Karpfen aufgetischt. Ein Gericht kostet um 90 FF. Zur *Route de la Carpe frite*:
➤ s. Tipps und Hinweise S. 137

Altkirch
DE LA VICTOIRE „S'WADALA"
10, Rue des Alliés, Tel. 03 89 40 90 65, tgl. außer Do abends 11-15, 18.30-23 Uhr B 12

Bettendorf
AU CHEVAL BLANC
4, Rue de Hirsingue, Tel. 03 89 40 50 58, tgl. außer Mi abends und Do 10.30-13, 15-24 Uhr C 12

Dannemarie
RITTER
5, Rue de la Gare, Tel. 03 89 25 04 30, tgl. außer Di, Mo und Do abends 11.30-14, 18-21 Uhr B 12

Ferrette
AU CHEVAL BLANC
3, Rue Léon Lehmann, Tel. 03 89 40 41 30, tgl. außer Mo 11-22 Uhr C 13

Hirsingue
AUBERGE DES TROIS VALLÉES
16, Rue d'Altkirch, Telefon 03 89 40 50 60, tgl. außer Mo abends u. Mi 9.30-22 Uhr B 12

Hirtzbach
DE LA GARE
16, Rue Principal, Tel. 03 89 40 93 27, tgl. außer Di abends und Mi 12-14, 19-21.30 Uhr B 12

Mertzen
AU MOULIN DE MERTZEN
9, Rue de Strueth, Telefon 03 89 08 00 14, Mo und Di 9.30-14, Do-So bis 24 Uhr B 12

Mœrnach
AUX DEUX CLEFS
218, Rue Henin Blenner, Tel. 03 89 40 80 56, tgl. außer Do 12-15, 18-22 Uhr B 12/13

Ueberstrass
AU SOLEIL
18, Grand'Rue, Telefon 03 89 25 60 13, täglich außer Di, Mi und 12. Juni-1. Juli 12-15, 18.30 bis 22 Uhr B 12

Bilder von Himmel und Hölle

Allein die Kathedrale und die vielen Fachwerkhäuser machen Colmar sehenswert. Aber die Stadt hat auch einen Solitär der Kunst zu bieten: den Isenheimer Altar von Matthias Grünewald. Eine Wallfahrt

Text: Alfred Nemeczek, Fotos: Tina Hager

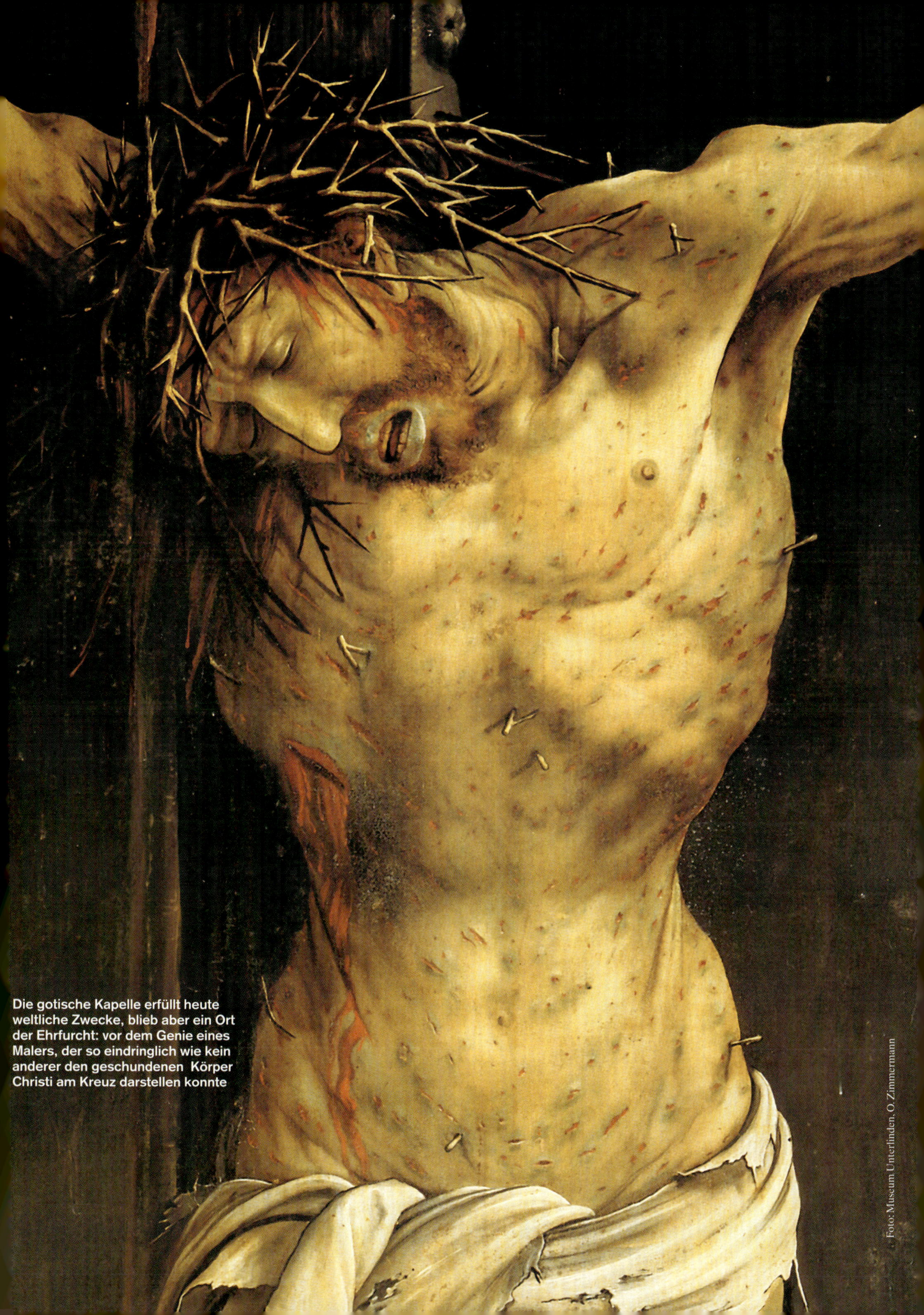

Die gotische Kapelle erfüllt heute weltliche Zwecke, blieb aber ein Ort der Ehrfurcht: vor dem Genie eines Malers, der so eindringlich wie kein anderer den geschundenen Körper Christi am Kreuz darstellen konnte

Foto: Museum Unterlinden, O. Zimmermann

Die „Grablegung des Gekreuzigten" und weitere acht Ölgemälde des Altarzyklus sorgen für ergriffenes Staunen

Komisches Wort. Aber zum ersten Mal bin ich Pilger; denn meine Reise nach Colmar muss ich wohl Wallfahrt nennen. Schließlich gilt sie einem Heiligtum. Genauer gesagt: Mein Besuch gilt dem einzigen Kunstwerk des Abendlandes, das die Bezeichnung Kunst-Heiligtum verdient – ganz ohne Ironie oder Häme.

Seit bald 500 Jahren behauptet sich Matthias Grünewalds „Isenheimer Altar" als Wunder aus dem Herbst des Mittelalters, das alljährlich Menschen jeden Alters ergreift, ja, erschüttert. Seine neun Andachtsbilder auf Lindenholz, zwischen 1512 und 1516 gemalt zum Trost von unheilbar Kranken, haben jeden Wandel europäischer Kunst- und Glaubensrichtungen überdauert. Renaissance, Reformation, Inquisition und Aufklärung vermochten die Magie dieser Malerei nicht zu brechen. Ihre Kraft überstand Kriege und verfehlt selbst in der herrschenden Spaßgesellschaft ihre unerklärliche Wirkung nicht. Geist, der die Kunst übersteigt? Kunst, die den Geist der Zeiten überwindet? Nur in Colmar kann man sich das fragen.

Drei Stunden hat mein Zug Verspätung, also wird nichts aus dem Plan, den ersten Blick auf Grünewald gleich nach der Ankunft zu riskieren. Mein voriger und bislang einziger Besuch liegt Jahre zurück, ist eher ein gezielter Abstecher gewesen. Und nun will ich wissen, ob sich der Kick von damals wiederholt – dieser jähe Absturz in die Sprachlosigkeit vor einem Kunstwerk, das unversehens mit mir macht, was ich nicht eingeplant habe. Seltsam fromm ist mir damals zumute gewesen – noch so ein komisches Wort.

Doch das Museum mit dem Altar ist für heute geschlossen, und ich habe Zeit, mein Pilgertum auf die Stadt Colmar zu projizieren, von der ich annehme, dass jeder ihrer Winkel das Privileg beglaubigt, den *one and only* Isenheimer Altar in ihren Anno 823 erstmals urkundlich erwähnten Mauern zu wissen.

Doch Colmar grünewaldet nicht. Weder für mich noch für seine rund 67 000 Einwohner, die Filme wie „American Beauty" und „American Pie" längst nicht mehr im Kino an der Ecke, sondern im Multiplex-Cinéma „Le Colisée" betrachten. Im prächtigen Buchladen gegenüber der Martinskirche hat das spärliche Kunst-Sortiment kein einziges Werk über Grünewald zu bieten. Diese Stadt, scheint's, übt sich in Understatement, auch, was die legendäre elsässische Küche betrifft: Selbst Heißhunger auf Pizza oder Döner Kebab lässt sich jetzt mitten in der Altstadt stillen. Oder neigt Colmar doch eher zum Größenwahn? Die städtischen Omnibusse jedenfalls fahren Plakate mit dem Bild der New Yorker Freiheitsstatue spazieren.

Mitternacht ist vorbei, als ich im Bahnhofs-Bistro bei einem Glas Wein erste Eindrücke sortiere. Dabei umgeben mich Glücksritter eines „Rapido" genannten Spiels, die mal fünf, mal zehn Francs in ein ominöses Bildschirm-Lotto investieren. 20 Ziffern, alle fünf Minuten ist Ziehung, und 100 000 Francs beträgt der Höchstgewinn für acht Richtige mit Zusatzzahl – auszuzahlen an der Theke.

Zum Selbstbewusstsein der Einheimischen, weiß ich inzwischen, trägt die Freiheitsstatue mehr bei als Grünewalds Altar, den ja ein deutscher Künstler im 20 Kilometer entfernten Isenheim vollbrachte. Das Kunstwerk hat sich seit der Zerstörung seines ursprünglichen Standorts nach der Französischen Revolution schon an etlichen Orten befun-

Fotos: AKG, Museum Unterlinden, O. Zimmermann

Bild-Enzyklopädie nach den Regeln der damals neu entdeckten Perspektivkunst: Soldaten in Harnisch, die angesichts der Auferstehung Christi in Starre verfallen, und ein Horror-Ensemble irrealer Furien und Schimären, das Grünewalds Altarbild „Die Versuchung des Hl. Antonius" bevölkert

Die verschüchterte Jungfrau und der gebieterische Erzengel auf der „Verkündigung an Maria“: Sie erfährt, dass sie Gottes Sohn gebären soll

den. Von 1917 bis 1919 lagerte es in der Alten Pinakothek von München, am Ende des Zweiten Weltkriegs in den Kellern von Haut-Kœnigsbourg. Erst 1945 wurde es wieder im Museum Unterlinden installiert.

Die Statue of Liberty dagegen – ein Geschenk der Französischen Republik an die Vereinigten Staaten – stammt wirklich aus Colmar. Hier wurde im Jahr 1834 Frédéric Auguste Bartholdi geboren, ein vielseitiger Bildhauer, dessen hehre Standbilder und Allegorien Colmars Plätze zieren und dem die Stadt nach seinem Tod (1904) im Park am neugotischen Wasserturm ein Denkmal gesetzt hat. Im einstigen Wohnhaus des Künstlers, heute Bartholdi-Museum, lassen sich Idee, Guss und Wirkungsgeschichte der 1886 eingeweihten Freiheitsstatue nochmals, und im Wortsinn plastisch, nacherleben.

Am nächsten Morgen, auf dem Weg zu meinem Objekt der Begierde. Schon gestern hatte ich notieren wollen, was mich heute von Neuem überwältigt: Colmar, im Kern fast autofrei, ist eine so idyllische wie urbane Stadt. Wobei ich als idyllisch das Glück empfinde, nicht an jeder Ecke einer Filiale dieser global operierenden Kettenläden zu begegnen, von denen deutsche Fußgängerzonen längst derart anonymisiert sind, dass die Orientierung schwindet. In Colmar dagegen werben die meisten Läden noch mit traditionsreichen Familiennamen um ihre Kunden und nicht mit einem importierten Logo.

Und animierend urban, nämlich bürgerfreundlich, ist das gewachsene Stadtensemble. Auf den ersten Blick scheint es allein aus mäßig hohen Fachwerkbauten zu bestehen, die sich an erstaunlich breiten Straßen ins Regiment dominierender Eckhäuser oder kapitaler Kirchen fügen. Abenteuerlich weit vorkragende Stockwerke, Schnitzornamente im Balkenwerk, kein Fenster ohne Sprossen, fast keins ohne Fensterläden. Dennoch käme niemand auf den Gedanken, das putzige Prädikat „Fachwerkjuwel" auf Colmar zu übertragen. Dafür funktioniert die pittoreske Baukulisse einfach zu selbstverständlich, eben urban. Und dafür wird

Foto: Museum Unterlinden, O. Zimmermann

Rund 350 000 Besucher aus aller Welt pilgern jedes Jahr zu Grünewalds Altar in Colmar

auch in Kauf genommen, dass nachträglich ins Fachwerk gebrochene Schaufenster die Proportion einst prächtiger Gebäude doch ziemlich verhunzen.

Ohne solchen Eingriff präsentieren sich aber viele, sonst eher schlichte Wohnbauten mit bleigefassten Glasfenstern in der Haustür oder stolze Baudenkmäler mit Namen wie Kopfhaus oder Pfisterhaus als Solitäre der Stadtgeschichte. Nur das moderne Rathaus erweist sich als langweiligster Neubau der Gemeinde, die auch ein paar Wohntürme hoch gezogen hat. Das aber jenseits der Umgehungsstraßen.

Endlich im Museum Unterlinden. Die Kasse habe ich hinter mir und bewege mich durch sieben Kabinette mit geschnitzten Heiligen sowie altdeutscher Malerei von höchstem Rang der einstigen Klosterkapelle entgegen. Unter den Künstlern sind Martin Schongauer, Hans Holbein d. Ä. und Lucas Cranach d. Ä.. Eine kluge Dramaturgie des Näherkommens, die dann doch den Schock nicht mildert. Sozusagen ungewarnt pralle ich erneut auf die unendliche Traurigkeit des Kreuzigungsbildes von Matthias Grünewald. Und eigentlich müsste ich vor der „furchtbaren Eindringlichkeit“ dieses Gemäldes so fromm kapitulieren wie bei meinem ersten Besuch. „Es gibt keine vergleichbare Kreuzigungsdarstellung“, mahnt der Kunsthistoriker Max Seidel, „die jedem, der vor sie hintritt, so völlig den Atem nimmt, die jeden Gedanken stillstehen lässt und jede theologische Spekulation angesichts der übermächtigen Gegenwart des Leidens Christi derart zum Schweigen bringt.“

Seidel hat ja so Recht. Doch auch aus seiner Betroffenheit ist schließlich ein Buch geworden – eine Höchstleistung, Unsagbares in Worte zu fassen. Um mit dieser Prosa nicht zu konkurrieren, bescheide ich mich mit Hinweisen auf Inhalt, religiöse Bedeutung und künstlerische Mittel der neun Ölbilder.

Chronologisch betrachtet, beginnt die Bilderzählung mit dem Erzengel Gabriel. Er verkündet der Jungfrau Maria, dass sie Gottes Sohn zur Welt bringen wird. Nebenan, auf der „Engelskonzert“ genannten Tafel, hält Maria – beobachtet von Gottvater und himmlischen Heerscharen – den neugeborenen Jesusknaben im Arm. Es folgt die Kreuzigungsszene mit dem überlebensgroß dargestellten Kruzifixus. Bei ihm sind Maria, Christi Lieblingsjünger Johannes und Maria Magdalena, der Jesus einst sieben Teufel ausgetrieben hat, außerdem Johannes der Täufer mit dem Lamm Gottes. Unterhalb der Golgatha-Landschaft erstreckt sich ein schmales Querformat mit Maria, Johannes und Maria Magdalena bei der Grablegung Christi, dessen Auferstehung und Himmelfahrt auf der nächsten Tafel als Weltwunder der christlichen Malerei gerühmt werden darf.

Die vier übrigen Gemälde des Altars erzählen Heiligenlegenden und verweisen auf den 1202 gegründeten Antoniterorden als Auftraggeber des Kunstwerks. Dessen Schutzherr, der Heilige Antonius, wird von Dämonen so sehr gemartert, dass er (auf einer Bildinschrift) verzweifelt stöhnt: „Wo warst du, guter Jesus, wo warst du? Warum bist du nicht erschienen, um meine Wunden zu heilen?“ Auf einem

Dämonen und musizierende Himmelswesen: die Menschwerdung Christi – unter den Augen geschnitzter Madonnen und hölzerner Heiliger

zweiten Antonius-Bild besucht der Heilige den 130 Jahre alten Eremiten Paulus in seiner Wüstenei (nicht zu verwechseln mit dem gleichnamigen Apostel). Und schließlich posiert der Ordenspatron noch auf einem Porträt, das die Züge des Isenheimer Abts Guido Guersi (1490 - 1516) trägt, der die Gemälde bei Grünewald bestellte.

In dem um 1300 gegründeten Isenheimer Antoniterkloster wurden Kranke gepflegt, die sich mit dem damals grassierenden Mutterkornpilzbrand infiziert hatten, der den Leib blähte und die Haut mit schmerzhaften Schwären überzog. Und weil sich das Mittelalter auch vom Heiligen Sebastian Schutz vor diesem „Antoniusfeuer" erhoffte, ist seinem Bildnis die neunte Tafel gewidmet.

Nicht immer standen die Gemälde des Isenheimer Altars – zu dem ja auch Plastiken gehören – auf Sockeln frei im Raum wie in Colmar. Modelle an der Wand erläutern deshalb den Rhythmus, in dem ursprünglich die Flügel während des Kirchenjahrs geöffnet wurden. So war die Kreuzigung nur während der Passionszeit zu sehen, wurden Verkündigung, „Engelskonzert" und Himmelfahrt nur Weihnachten, Ostern und an den Marien-Festen dargeboten. Schwer vorstellbar ist heute, dass in der Klosterkirche von Isenheim eine Nahsicht auf Details allein den Mönchen erlaubt war. Die auf Wunder hoffenden Kranken und das einfache Kirchenvolk konnten die Bilder im Chorraum nur durch eine Chorschranke, den so genannten Lettner, betrachten – aus 19 Metern Entfernung.

Als der Künstler um 1512 von Guersi den Auftrag erhielt, müssen ihn Glücksgefühle durchströmt haben. Kunsthistoriker mögen darüber streiten, welche Stil-Position zwischen Mittelalter und Renaissance dieser Meister Mathis seinerzeit besetzte. Als erfahrener Maler im Alter von etwa 50 Jahren jedenfalls sah er sich zum großen Solo aufgefordert, und er spielte es virtuos zwischen Realismus, Klassizismus, Expressionismus und Surrealismus, um heutige Begriffe zu gebrauchen.

Eine Figur ganz in Farblicht aufzulösen wie den in schillernder Aureole gen Himmel entschwebenden Christus; nach allen Regeln der neu entdeckten Perspektivkunst Räumlichkeit zu demonstrieren wie in Marias Verkündigungskemenate oder bei den vom Auferstehungswunder paralysierten Soldaten – welche Chance für diesen Könner.

Grünewald entwirft eine Bild-Enzyklopädie und zugleich eine Kosmologie, die alles auf Erden Sichtbare visionär mit den Phantomen eines nie geschauten Jenseits verknüpft. Er malt den Heiligen Sebastian als antiken Apoll und besetzt die Versuchung des Heiligen Antonius mit einem Horror-Ensemble irrealer Furien und Schimären. Er malt ein anrührendes Gotteslamm, ziseliert botanische Miniaturen so genau wie sein Zeitgenosse Albrecht Dürer und simuliert die gegeißelte Haut des sterbenden Christus so eindringlich wie dessen desolaten Gesichtsausdruck.

Sein koloristisches Talent tobt sich an Textilien aus; aber auch die Farbe Gold kann er einsetzen oder die Halbtöne der Graumalerei. Und immer macht er deutlich, woher jeweils das Licht kommt. Sollte der Künstler außerdem den Umstand bedacht haben, dass seine Malerei damals primär durch Kerzenschein sichtbar wurde, worauf die Kunsthistorikerin Berta Reichenauer hinweist, hätten heutige Betrachter unter den 15 Scheinwerfern des Unterlinden-Museums ein Problem. Grünewalds reich gestufte Weiß-Palette, sein verschattetes Flaschengrün oder die von kardinal- zu scharlachrot changierenden Rottöne seiner faltenreichen Vorhänge und Gewänder – sie wirken jetzt anders.

Wohl kein Maler seiner Zeit hat künstlerische Autonomie so eindrucksvoll demonstriert – und doch war Grünewald bei seiner Arbeit alles andere als frei. Buchstäblich jedes Versatzstück und jedes anekdotische Detail und erst recht jeden Gesichtsausdruck und alle Gesten haben die Antoniter ihm vorgeschrieben, wie es damals üblich war. Gefragt war ja nicht ein Kunstwerk, sondern ein Lehrstück zur Güte Gottes, der am Beispiel Christi uralte Verheißungen wahr gemacht hatte und von der „Sünde" der Krankheit zu erlösen versprach, wenn sie nur Buße taten.

Warum wohnt Johannes der Täufer dieser Kreuzigung bei, an der er doch unmöglich beteiligt sein konnte? Und warum steht er rechts? Weil in der katholischen Liturgie die rechte Altarseite das Alte Testament symbolisiert. Und für dessen Prophezeiungen bürgt dieser Johannes, der Jesus getauft hat. Mit ausgestrecktem Finger wiederholt er seinen Taufspruch: „Er muss wachsen", lautet die lateinische Inschrift auf deutsch, „ich aber muss abnehmen." Und warum wendet sich das Haupt des toten Christus bedeutungsvoll nach links und fällt nicht nach vorn, wie es anatomisch richtiger wäre? Weil in der Liturgie die linke Seite das Neue Testament repräsentiert, das dem Täufer Recht gegeben hat: Jesus ist ja wirklich gewachsen; in der Stunde seines Opfertodes wird Gottes Sohn zum Heiland der Welt.

Aus dem ehemaligen Kloster der Dominikanerinnen in Colmar wurde 1852 das Museum Unterlinden. Der Isenheimer Altar hinter den gotischen Fenstern der einstigen Kapelle war schon damals das Juwel der Sammlungen

Den Isenheimer Altar chiffrieren Dutzende solcher Verweise. Offensichtliche – wie die bizarr gezackte Christus-Windel auf der Tafel „Engelskonzert". Ihre scharfen Risskanten deuten schon auf das ähnlich gefräste Lendentuch hin, das Jesus am Kreuz tragen wird. Kryptische – wie der vogelköpfige Cherub im Engelsorchester, von dem nicht feststeht, ob er der Sphäre finsterer oder guter Mächte zuzuordnen ist. Oder profane – wie der zweigeteilte Vollbart von Abt Guersi in der Rolle des Antonius. Diese Art der Manneszierde war eigentlich für Darstellungen von Gottvater reserviert. Und einigermaßen groteske. In einem Behältnis zu Füßen der Mutter Maria vermochten die meisten Forscher nicht mehr zu erblicken als einen nützlichen Nachttopf. Anders Berta Reichenauer, die sich bei ihrer Entschlüsselung des Altarprogramms auf die Mystikerin Hildegard von Bingen beruft. Sie deutet den Topf als „Gefäß, das geöffnet ist für das Einströmen der von Gottvater ausströmenden Gnade".

Spekulation ohne Grenzen, und auch der Autor des Isenheimer Altars hilft seinen Interpreten nicht weiter. Er hinterließ zwar ein authentisches Œuvre, zu dem Werke wie die „Stuppacher Madonna", Kreuzigungen in den Museen von Basel und Karlsruhe, ja, sogar ein gezeichnetes Selbstbildnis gehören, doch weder Schriften noch eine gesicherte Biografie. Der Mann, den wir Grünewald nennen, geriet früh in Vergessenheit. Sein Isenheimer Altar, den Kaiser Rudolf II. 1597 für Prag ankaufen wollte, dann Kurfürst Maximilian von Bayern für München und der Große Kurfürst für Berlin – er wurde zunächst Albrecht Dürer oder Hans Baldung Grien zugeschrieben. Und bis heute weiß niemand genau, wo der Künstler wann geboren ist und wo er wann starb.

Lebte „Deutschlands größtes Malgenie" von 1460 bis 1527, wie der Forscher Walter Karl Zülch behauptete? Oder kam der lange in Frankfurt am Main ansässige Künstler um 1480 zur Welt und starb erst 1531/32, wie Zülchs Gegenspieler Hans Jürgen Rieckenberg nach ebenso gründlicher Detektivarbeit herausfand? Und hieß er überhaupt „Matthaeus Grünewald", wie es der Frankfurter Maler und Kunsthistoriker Joachim von Sandrart überliefert hatte? Sein 1675, also mehr als 150 Jahre nach Vollendung des Isenheimer Altars, erschienener Aufsatz im Lexikon „Teutsche Academie der edlen Bau-, Bild und Mahlerey-Künste" wurde zur, leider nebulösen, Basis aller Grünewald-Recherchen. Und die haben Zülch zu der von vielen Kunsthistorikern geteilten Überzeugung gebracht, der Meister des Isenheimer Altars sei unter dem Namen Mathis Gothardt Neidthardt zu verehren. Doch längst ist das wieder umstritten, und auch keine der neueren Indizienketten ist von Schwachpunkten frei.

Die Einwohner-Register des Mittelalters waren noch nach Vor- und nicht nach Familiennamen sortiert, und mit jedem neuen Mathis, dem die Forschung das vorhandene künstlerische Werk mit dem Monogramm MG·N zutraute, variieren die biografischen Details. Mal ist er ein gelernter Bildhauer und fast immer auch ein Regisseur von Wasserkünsten. Als Mainzer Hofmaler soll er ein gehorsamer Fürstendiener gewesen sein, aber auch ein stets bankrotter, melancholischer Hausbesitzer, der mit einer getauften Jüdin „übel verheuratet gewesen" (Sandrart). War er heimlich Lutheraner und ein Rebell, der während der Bauernkriege mit den Aufständischen sympathisierte? 1520, bei der Krönung Karls V. in Aachen, soll ein Maler Mathis dem Kollegen Albrecht Dürer und sogar dem Humanisten Philipp Melanchton begegnet sein. Berichte über seinen Isenheimer Aufenthalt, der doch mindestens drei Jahre gedauert hat, wurden nirgends entdeckt.

So beende ich meine Pilgerreise zum Hauptwerk des obskuren Genies mit einem letzten Gang durchs Unterlinden-Museum, das neben archäologischen Altertümern eine erlesene Sammlung moderner Kunst zu bieten hat, und schlendere nach La Petite Venise, Klein Venedig. So wird der lauschigste Winkel von Colmar genannt. Seine schmucken Häuser, saftigen Gärten und friedlichen Café-Terrassen träumen derart entrückt am grünen Ufer des Flüsschens Lauch dahin, dass ich mir auf der Stelle einen Mückenstich wünsche. Um wieder in die raue Welt zu finden.

Alfred Nemeczek *ist freier Kunstjournalist in Hamburg. 1999 erschien sein Buch „Das Bild der Kunst. Eine Bilanz zum Ende des 20. Jahrhunderts".*

Geboren in Colmar: die New Yorker Freiheitsstatue

ÜBER NACHT

1 LE COLOMBIER
7, Rue Turenne, Tel. 03 89 23 96 00, Fax 03 89 23 97 27, 24 Zi., DZ ab 550 FF Renaissancebau mit modernem Innern

2 LE MARÉCHAL
4-6, Pl. des Six-Montagnes-Noires, Tel. 03 89 41 60 32, Fax 03 89 24 59 40, 28 Zi., DZ ab 500 FF Haus aus dem 16. Jh. in La Petite Venise mit Komfort

3 TURENNE
10, Rte. de Bâle Tel. 03 89 41 12 26 Fax 03 89 41 27 64, 83 Zi., DZ ab 320 FF Modernisiertes elsässisches Haus mit funktionell eingerichteten Zimmern

RESTAURANTS

4 LE FER ROUGE
52, Grand'Rue, Tel. 03 89 41 37 24, tgl. außer So, Mo, 29. Juli- 8. Aug., 6.- 24. Jan., Menü um 450 FF Ein Stern im Michelin. Spezialitäten: Terrine vom Spanferkel, Jakobsmuscheln, Baeckeoffe, Crêpes mit Zwetschgen

5 MAISON DES TÊTES
19, Rue des Têtes, Telefon 03 89 24 43 43, tgl. außer So, Mo, Feb., Menü ab 170 FF In einem denkmalgeschützten Haus (s. Altstadt). Klassische elsässische Gerichte wie Gänseleber und Zander in Weißwein

6 AUX TROIS POISSONS
15, Quai de la Poissonnerie, Tel. 03 89 41 25 21, tgl. außer Di, Mi, So, 1 Wo im Dez., 1 Wo im Aug., Menü ab 140 FF Freundliches, am Wasser gelegenes Speiselokal mit guten Fischgerichten

WEINSTUBEN

7 LE CAVEAU ST-PIERRE
24, Rue de la Herse, Telefon 03 89 41 99 33, tgl. außer So, Mo, 3 Wo im Jan., Gericht ab 70 FF Regionales je nach Saison

1 WINSTUB BRENNER
1, Rue Turenne, Tel. 03 89 41 42 33, tgl. außer Di u. Mi, 2 Wo im Nov. u. im Feb., Gericht ab 70 FF
Einfache Spezialitäten wie Bibbeleskaes mit Bratkartoffeln und Eisbein

CAFÉS

8 AU BON NÈGRE
9, Rue des Têtes Köstlicher Kakao mit Zimt

9 AU CROISSANT DORÉ
28, Rue des Marchands, Mo geschl. Im Stil der Jahrhundertwende eingerichtet, große Auswahl an Teesorten

EINKAUFEN

FOIE GRAS

1 LES FOIES DE LIESEL
3, Rue Turenne Gänse- und Entenleber in vielen Variationen

KÄSE

10 LA FERME
34, Rue des Têtes Französischer Käse, Produkte vom Bauernhof

11 FROMAGERIE ST-NICOLAS
18, Rue St-Nicolas Colmars Käsespezialist

PÂTISSERIE

12 JEAN
6, Pl. de l'École Trüffel, Pralinen, erlesene Backwaren

FÜR DEN TISCH

13 ARTS ET COLLECTIONS D'ALSACE
1, Rue des Tanneurs Töpferarbeiten

14 LA COTONNIÈRE D'ALSACE
1, Rue des Clefs Schöne Stoffe

WEIN

15 DOMAINE SCHOFFIT
68, Nonnenholzweg Große Auswahl, auch alte Rebsorten

MUSEEN

16 MUSÉE ANIMÉ DU JOUET ET DES PETITS TRAINS
40, Rue Vauban, Tel. 03 89 41 93 10, tgl. außer Di u. Jan. 10-12 u. 14-18 Uhr Puppen, Marionettentheater, Modelleisenbahnen auf 800 m langen Schienen

17 MUSÉE BARTHOLDI
30, Rue des Marchands, Telefon 03 89 41 90 60, März - Dez. tgl. außer Di, 1. Mai, 1. Nov., 25. Dez. 10 - 12 u. 14 - 18 Uhr Geburtshaus des Bildhauers Frédéric-Auguste Bartholdi (1834 - 1904), des Schöpfers der Freiheitsstatue in New York und des Löwen von Belfort; Modelle, Skizzen, Möbel

18 MUSÉE D'HISTOIRE NATURELLE
11, Rue Turenne, Tel. 03 89 23 84 15, 1. März - 31. Dez. tgl. außer Di 10 - 12 u. 14 - 17, So 14 - 18 Uhr Zoologische, mineralogische, ethnologische und ägyptische Sammlungen

19 MUSÉE D'UNTERLINDEN
1, Rue d'Unterlinden, Telefon 03 89 41 89 23, Internet: www.musee-unterlinden.com, tgl. außer Di, 1. Jan., 1. Mai, 1. Nov., 25. Dez. 10 - 17 Uhr Isenheimer Altar von Matthias Grünewald, Werke von Martin Schongauer, Dürer, Holbein d. Ä., Cranach d. Ä., schöne oberrheinische Madonnen und Sammlungen aus gallo-römischer Zeit, Volks- und zeitgenössische Kunst (u. a. Pierre Bonnard, Picasso, Serge Poliakoff)

SEHENSWERT

Altstadt
Bürgerhäuser aus dem 16. und. 17. Jahrhundert.; ehemalige Dominikanerkirche mit dem Gemälde „Madonna im Rosenhag" von Martin Schongauer (1473); Maison des Têtes, „Kopfhaus", mit plastischem Fassadenschmuck (Köpfen und Figuren) aus dem frühen 17. Jahrhundert; Kathedrale St-Martin (ursprünglich gotisch, wurde im 18. Jahrhundert umgestaltet) mit reich verziertem Nikolausportal an der Südseite des Querhauses; Maison Pfister mit hölzernen Galerien (16. Jh.)

Quartier des Tanneurs
Einstiges, mustergültig restauriertes Gerberviertel mit schönen Fachwerkhäusern aus dem 15. - 18. Jh.

La Petite Venise
Colmars romantischster Winkel: Klein-Venedig an der Lauch. Viele Straßenlokale (s. Titelbild, Le Caveau St-Pierre)

AUSKUNFT

20 OFFICE DU TOURISME
4, Rue d'Unterlinden, Telefon 03 89 20 68 92, Fax 03 89 41 34 13

Der Segen

Von wärmenden Kieseln und der Aura reifender Trauben:

Fast jedes freie Fleckchen in dem 800-Seelen-Ort Gueberschwihr ist bepflanzt mit Reben. Buntsandstein speichert die Sonnenwärme und sorgt für den richtigen Goldtons des Weins

der roten Steine

Beobachtungen im Winzerdorf Gueberschwihr

Text: Angelika Overath, Fotos: Gregor Lengler

IM INNENHOF EINES MITTELALTERLICHEN ANWESENS SITZT EIN JUNGER MANN UNTER EINEM FEIGENBAUM und sieht angestrengt durch ein langstieliges, dünnes Trinkglas. Es ist der warme Abend eines schwülen Maientags. Am Nachmittag waren bei voller Sonne immer wieder Gewitterschauer über den Rheingraben gegangen und hatten auf die schon grünen Weinhänge doppelte Regenbögen geworfen. Bis zum Morgen wird die Temperatur nicht unter 15 Grad sinken, da schießen die Reben auch nachts. Wenn es so warm bleibt, wird die Ernte bereits im September beginnen, und die Trauben erreichen schon jetzt einen Öchslegrad wie sonst nur im November. Wenn aber im Juni die Schafskälte noch kommt, und über dem Land liegt schon der süße Duft der zu früh blühenden Reben, dann ist das schlecht.

Eric Lichtlé, jüngster Spross einer Winzerdynastie im südelsässischen Gueberschwihr, schüttelt das Glas ein wenig und hält es gegen das Licht. Winzige Partikel schaukeln in der transparenten mildgelben Flüssigkeit. Er schnuppert, nimmt einen Schluck, fixiert die Flüssigkeit, als könne sein Blick sie verändern. Dann stellt er das Glas auf den Holztisch, wo 14 dunkelgrüne schmale Flaschen in einer Reihe stehen: die erste Probeabfüllung des Muscat 1999. Der Geschmack ist gut, aber wahrscheinlich wird er den Wein noch einmal filtern müssen.

Vor zwei Jahren haben die Lichtlés ihre 350-jährige Winzertradition gefeiert, mit einer Riesling-Spätlese „Jubilé". Seit Vater Fernand, Jahrgang 1935, seine Rente bekommt, ist Eric offiziell verantwortlich für 22 000 Rebstöcke. Sie müssen regelmäßig besichtigt werden, wenn man es richtig machen will. Familie Lichtlé besitzt auf 20 verstreuten Parzellen insgesamt vier Hektar Rebland. Es wurde über die Jahrhunderte ererbt oder unter Berücksichtigung komplizierter Regeln dazugekauft. Zusätzlich bearbeitet sie noch einen halben Hektar gepachtetes Land. Von dieser Menge kann eine Familie gut leben; sie kann sie auch selbstständig bewältigen.

Das Rebland der an den Ausläufern der Vogesen gelegenen Gemeinde Gueberschwihr ist kostbar und knapp. Hier wachsen die Reben auf einer in der Eiszeit angetragenen Kalkschicht, die an den Hängen über dem Buntsandstein der Felsen liegt. In der Ebene ist der Boden üppiger, da werden die Trauben groß, was den Wein nicht besser macht. Die Winzer schätzen den wärmespeichernden Steinchenboden der von den Bergen geschützten Hanglage. Immerhin besitzt das Dorf 50 Hektar der *Grand-Cru*-Lage „Goldert", genannt nach dem Goldton des hier gewonnenen Weines. Eifersüchtig werden mögliche Verkäufe überwacht und Vorverkaufsrechte ausgehandelt. Bislang blieben alle Winzerkinder von Gueberschwihr beim Weinbau. Landkäufe sind deshalb meist nur möglich, wenn ein kinderloser Winzer stirbt.

Das Winzerunternehmen Lichtlé Fernand & Fils gehört zu jener Hälfte der 28 Winzer von Gueberschwihr, die ihre Trauben nicht in der Winzergenossenschaft von Rouffach abgibt, sondern den Wein noch selbst macht. Die Lichtlés arbeiten allerdings mit einer Mischkalkulation. Nur 4000 Flaschen der etwa 30 000 Liter Wein, die sie selbst pressen, verkaufen sie direkt an Kunden, die zu ihnen in den Hof kommen und am langen Holztisch die neuen Weine verkosten. Den größten Teil ihrer Ernte geben sie fassweise ab. Und sie verkaufen die Pinot-blanc-Trauben aus der Vorlese für den Crémant d'Alsace, den elsässischen Schaumwein, den sie selbst nicht herstellen. Winzer aus dem prominenten Riquewihr oder Kaysersberg nehmen gerne die süßen Trauben und die Spitzenweine der unbekannteren Dörfer südlich von Colmar. Aus den Zwei- bis Dreitausend-Literfässern füllen sie die gut 14-prozentigen Gewürztraminer, Muscat oder Tokay d'Alsace ab, zunehmend auch Riesling, der urspünglich im Süden weniger angebaut wurde, und verkaufen die Weine mit den Etiketten ihres eigenen Guts.

AUSSERHALB DES ELSASS aber darf elsässischer Wein ausschließlich in Flaschen gehandelt werden. Es ist der einzige Rheinwein, den man an seiner schmalen Silhouette schon auf 100 Meter erkennt: In 0,75 Liter fassenden *flutes,* den Flöten, meist grün, aber auch weiß für den Roséwein Pinot noir, reist er dann bis Neuseeland.

Der große Platz des Winzerdorfs Gueberschwihr ist, wie er vor 50 Jahren war oder vor 100 und viel früher. Als seien sie Wehrburgen, schließen

Fernand und Eric Lichtlé mit ihrem Kollegen Jean-Paul Humprecht (auf dem Traktor) bei der Lagebesprechung. Gueberschwihr hat ein Allzeitthema – Wein – und zwei Grundfarben: das Grün der Weinberge und die von Lila bis Beige changierenden Buntsandsteinfarben der Kirche, der Häuser und des Kopfsteinpflasters

die Hofanlagen aneinander. Sie sind wie das Kopfsteinpflaster aus dem Buntsandstein gefügt, den ein Steinbruch oberhalb des Dorfes liefert. Und da das Rosa eines Sandsteins in sich wandert und im Licht wechselt ins Lila, ins Beige, dann wieder in ein gräuliches Blau oder ein pfirsichfarbenes Gold, scheint der steinerne Dorfplatz ehrwürdig ruhig und lebendig zugleich. Als habe der hohe, weit über das Rebland sichtbare romanische Glockenturm die Farben vorgegeben: Rosa wie der Stein und vielleicht ein wenig Blau und Gold wie das Zifferblatt, bewahren die Fassaden selbstgenügsam ihr buntsandsteinfarbenes Gesicht. Auch der Verputz bleibt im milden Ton und lässt die Ecksteine, die Fenstereinfassungen und die Torbögen frei. Über ihnen erscheinen die Schriftzüge der Winzernamen wie eine Signatur. Durch die leicht geöffneten Fenster der ebenerdigen Keller strömt ein feuchter Erdgeruch, der sich in der Maisonne mit dem Hauch von frisch abgefülltem Wein mischt. Manche der Keller stammen aus dem 12. oder aus dem 13. Jahrhundert. Im Brunnen hinter den Dorflinden schwimmen Karpfen; im Brunnen vor dem Kreditinstitut Goldfische. Das Rosa flimmert über die Fassade der zweiklassigen

Elementarschule mit der schönen Freitreppe und über die Mauern des gegenüberliegenden Kindergartens und führt die breiten Stufen hinauf bis zum Kirchenportal; es dunkelt ein an der tiefer gelegenen Pferdeschwemme, wo die Tiere nach der Pflüg- oder Erntearbeit in den Reben gewaschen wurden.

SELBST HIER AN SEINER ÖFFENTLICHSTEN STELLE hat Gueberschwihr keine Boutique, die Elsass-Souvenirs verkauft. Es gibt keine Imbissbude, keinen Informationsstand und keine Reklametafel. Wer hier wohnt, weiß, was es gibt. Und wer hierher kommt, darf sicher sein, es zu finden. Nur der Teesalon hat ein elegantes Schild auf das unregelmäßige Pflaster gestellt, das die selbst gemachten Eissorten notiert.

Heute klappert kein Ochsenwagen mehr vorbei, sondern vergleichsweise lautlos halten der Linienbus aus Colmar und der Schulbus, der die älteren Kinder ins Collège nach Rouffach bringt. Und die jungen Winzerinnen biegen mit ihren Kleinwagen über das Pflaster, wenn sie „in der Stadt" waren, um dort in den Supermärkten fürs Wochenende einzukaufen. Sie kehren nach Gueberschwihr zurück, in eine Enklave, die sich nicht ändern muss, da man so schnell draußen ist und so schnell wieder daheim.

Marguerite Jaeggy hat – vom Drogerieartikel bis zur Erbsenbüchse – in ihrem Sortiment das, was ein Supermarkt auch hat, nur in einer gewissen radikalen Auswahl und etwas teurer. Marguerite Jaeggy, die den 1910 gegründeten Kolonialwarenladen von den Schwiegereltern übernommen hat, zuckt mit den Schultern, wenn sie die großen Tüten und Faltkartons sieht, die aus den bunten Autos gehievt werden. Zu ihr kommen die Alten des Dorfes und die Schulkinder, die Heftchen kaufen, und die Jungen manchmal wegen der Zigaretten, und sonst doch jeder, der Salz oder einen Salatkopf beim Großeinkauf vergessen hat. Und manchmal fehlt auch einfach eine kleine Stange Zimt. Unverdrossen arrangiert Marguerite Jaeggy täglich frische Blumen aus ihrem Garten neben die spärlich bestückte Wursttheke oder dort, wo die deutsch- und französischsprachigen Fernsehprogramme und Frauenmagazine frisch gefächert ausliegen: Pfingstrosen, Iris, Lilien. Marguerite Jaeggy findet in Ordnung, dass sie nicht so viel zu tun hat, und auf Ströme von Touristen in Gueberschwihr kann sie verzichten. Sonst sei man, sagt sie, bei sich ja nicht mehr zu Haus.

Fragte man ihn, würde Fernand Lichtlé sagen, er mache das zu seinem Vergnügen. Wenn er so um einen Rebstock herumhackt und Grünes ausrupft. Aber das stimmt nicht. Er macht das, weil er etwas gegen Herbizide hat. Der schlanke große Mann mit dem fast schulterlangen weißen Haar bückt sich und bricht zwei wilde Triebe unten am Rebstamm aus. Wenn man „die Besen" wachsen lässt, verholzen sie nur. Eine Rebe aber, die gut tragen soll, muss Fasson haben. Nach dem Anbinden der jungen Gerten – vom Rebstamm ausgehend in zwei Bögen

eine nach rechts und eine nach links – ist Hacken und das Ausreißen der überflüssigen Triebe (das „Verbrechen") nun die Hauptarbeit. Später müssen die Ranken weiter um die fünf oder sechs Drahtlinien geflochten werden. Dann kommt das Schneiden.

Wer auf den schönen Halbhöhenwegen durch die Weinberge um Gueberschwihr wandert und hinuntersieht auf das vor ihm sanft ansteigende Rebland und noch genauer auf die Reihen von hellgrünem Sylvaner, dunklerem Gewürztraminer mit den weißen Blattspitzen oder dem Muscat, der schon von weitem ganz rötlich schimmert, der wird erkennen können, wann eine Parzelle aufhört und der Besitz eines neuen Winzers anfängt. In manchen Anlagen sind die Rebdrähte zwischen Betonpfeilern gespannt, bei anderen laufen sie zwischen Tannen-, Akazien- oder Kastanienholz aus den nahen Wäldern. Und selbst die Zeilen zwischen den Reben haben je eigenen Charakter. In manchen steht das Unkraut hüfthoch – manchmal in gut biologischer Absicht, manchmal eher aus Nachlässigkeit –, in anderen krümmen sich gelb giftverbrannte Blätter, wieder andere sind sauber gepflügt und gejätet. In manchen liegt Tannenzweigverschnitt, in

Lichtblicke in Gueberschwihr: Spiegelung im Wasser des Dorfbrunnens; Winzer Fernand Lichtlé im Strahlenkranz seiner Reben; kleine und große Kunden im Krämerladen von Marguerite Jaeggy (im Hintergrund)

anderen ausgedienter Weinfilterkarton: Beides zerfällt und erstickt aufkeimendes Unkraut.

FERNAND LICHTLÉ HAT EIN EIGENES PRINZIP der Bodenpflege. Eine Zeile pflügt er und jätet das Unkraut von Hand. Auf der anderen Zeile lässt er Gras stehen, das er mäht. Solcher Zeilenwechsel von Grasland zu gepflügtem Boden hält die Rebe, die ein Heckengewächs ist, mager. Sie soll nicht ins Kraut schießen, sie soll konzentrierte Beeren tragen. Zudem wuchert auf dem Wiesenstück kein hohes Unkraut. Und die gemähte Zeile gibt einen guten Untergrund für die Schneidemaschine und später im Herbst für die Pflücker; auch wenn es geregnet hat, stehen sie mit ihren Eimern nicht im Schlamm.

Für Fernand Lichtlé ist guter Wein auch eine Frage der Behutsamkeit. Einmal hat er den Versuch gemacht, mit einer Maschine zu ernten. Die schlägt dann gegen die Reihen, und alles fällt unterschiedslos aufs Fließband: Blätter, Schnecken, reife Trauben und grüne. Und die Beeren sind verletzt. Werden sie nicht innerhalb einer Stunde gepresst, gären sie schon auf dem Traktor. Hinterher ist die Anlage kaputt, die Pfosten und Drähte sind locker und müssen gerichtet werden. Gut, eine Pflückmaschine ist schneller als ein Erntehelfer, der die Traube ansieht, bevor er sie bricht. Und eine Maschine braucht keine Krankenversicherung. Aber mit einer Maschine kann man nicht zusammen im Hof sitzen, Kartoffeln und Munsterkäse essen und den Tag bereden. Die Kleinökonomie erlaubt eine ruhigere Lebensqualität. Fernand Lichtlé braucht keine Pflückmaschine und fast kein Gift. Und Reklame für seinen Wein schon gar nicht.

Er betreibt integrierten Anbau. Ganz biologisch möchte er nicht produzieren, dazu ist sein Respekt vor einer kleinen Motte zu groß. Er spritzt kein Gift, wenn die Heuwürmer, die erste Wurm-Generation der Traubenwicklermotte, an das „Gescheine", die Vorblüte oder die Knospen, gehen. Es werden immer noch genug Trauben groß. Er spritzt kein Gift, wenn die dritte Generation kurz vor der Ernte geschlüpft ist; da macht den großen Früchten ein winziger Wurm nichts mehr aus. Aber er spritzt, wenn die zweite Generation, die Sauerwürmer, kommen. Sie beißen nur eine Beere an, aber die ganze junge Traube fault.

Der Blick von den Gueberschwihrer Weinhängen ist weit. Vielleicht beflügelt er das Fernweh. Auf jeden Fall zeigt er, dass die Welt offen ist. Marion Lichtlé, die Tochter der Familie, lebt in London und wird regelmäßig besucht. Seit Lichtlés einige Zimmer des Hofguts vermieten, sitzt halb Europa bei ihnen in der Wohnstube aus Tannenholz und frühstückt mit selbst gemachter Marmelade aus dem Garten. Im Juni schon kommen die Nordländer, die Dänen, die Schweden, und machen hier Halt auf dem Weg nach Spanien. Dann reisen die Amerikaner die „Route du vin" entlang.

Familie Lichtlé sitzt dreisprachig am Tisch. Vater und Sohn sprechen Elsässerditsch. Die Mutter, Elke Lichtlé, eine gebürtige Norddeutsche, die in Freiburg aufgewachsen ist, spricht Hochdeutsch. Und Tamara, Erics Freundin, die als englisches Au-pair-Mädchen nach Gueberschwihr kam, versteht beides und antwortet auf Englisch. Wenn das Telefon klingelt, melden sich alle französisch.

Gueberschwihr hat gut 800 Einwohner. Das ist nicht viel, aber die Landflucht hat abgenommen. Ein neuer Trend ist sichtbar. Es gibt eine moderne Siedlung vor dem Dorf, nahe dem Hotel und dem großen Ausflugsrestaurant „Belle Vue". Dort leben zugezogene Franzosen, aber auch Finnen, Engländer, Deutsche. Internationale Firmen investieren hier links des Rheins, wo Land und Löhne billiger sind als in Deutschland und der Schweiz. Aber auch wer hier lebt, muss noch nicht hier arbeiten. Viele Gueberschwihrer pendeln in die nahen Nachbarländer, bevorzugen zum Wohnen aber das schöne Weindorf.

AXEL WOLKENHAUER UND JAN CLAIRE STEVENS sehen das auch so. Fast so. Sie haben sich in London auf der Kunstakademie kennengelernt und sind, als sie Freunde in Basel besuchten, fast zufällig nach Gueberschwihr gekommen und geblieben. Sie sind viel unterwegs. Wie andere Intellektuelle aus den Städten – Lehrer, Architekten – kauften sie eines der alten Gueberschwihrer Häuser. Das ihre liegt am Fuß des Steinbruchs in der Rue des Mouches, dem *Muckagassla,* und muss eines der ältesten Gebäude des Dorfes sein. Im Hof haben sie einen alten Brunnen. Sie renovierten das

Elsässer Enklaven: Das ziegelgedeckte Anwesen der Familie Lichtlé steht für 350 Jahre Weinbau in Gueberschwihr; die zugereisten Künstler Axel Wolkenhauer und Jan Claire Stevens haben sich in dem Weindorf eine Oase mit Sonnenblumen und Gartenterrassen geschaffen

Anwesen, das 20 Jahre lang leer gestanden hatte, rodeten die Wildnis hinterm Haus und legten einen Garten an, der jedem englischen Gartenbuch Ehre machen würde.

Heute haben sie hier ihre Ateliers, ab und an lebt ein *printmaker in residence* bei ihnen, und im Sommer vermieten sie – wie viele Winzerfamilien auch – Räume an Gäste. Axel und Jan Claire haben, um ihre Kunst zu finanzieren, in ihrem Leben schon ziemlich alles gearbeitet, sie halfen auch in den Weinbergen. Heute ist Jan Claire Professorin an der Kunstschule in Mulhouse; Axel gibt bisweilen Zeichen- und Grafikkurse im Dorf, und er restauriert in den umliegenden Kirchen zerfallende Heilige. Die Nonnen des oberhalb Gueberschwihr gelegenen Klosters St-Marc haben ihm ehemalige Wirtschaftsräume umsonst zur Verfügung gestellt. Dort kann er in Ruhe an seinen riesigen Installationen arbeiten. Dafür bessert er den Schwestern einen Engel aus oder den gebrochenen Arm eines Königs aus dem Morgenland.

Elke Lichtlé tropft Tapetenkleister auf das Schwämmchen der Flaschenetikettiermaschine. In den roten Radlerhosen und mit dem kurz geschnittenen Haar sieht sie weder aus wie 52, noch ist sie als die Frau zu erkennen, die auf Fotografien mit hoch gesteckten Zöpfen und Haube neben ihrem Mann Fernand in der Trachtengruppe „Kunkelstub“ die Geige spielt. Damals hatten einige Familien aus dem Dorf in Seminaren für Folkloregruppen die alten Tänze wieder gelernt, den „Siebenschritt“, den „Siebensprung“, das „Tanz, Maidle, tanz!“ Elke Lichtlé hatte Strümpfe mit Zopfmuster gestrickt und Trachtenblusen und Röcke geschneidert. Zehn Jahre lang trat „Kunkelstub“ auf Weinfesten auf. Dann waren keine Nachwuchsfamilien mehr da, und nur mit Jugendlichen war eine solche Gruppe nicht zu halten. Heute tanzt Elke Lichtlé nicht mehr fürs Publikum.

Beim Gueberschwihrer Weinfest am dritten Augustwochenende, wenn die Winzer die Höfe zur Bewirtung aufmachen, bestellt auch Familie Lichtlé eine fremde Musikgruppe. Die Frauen ziehen die französische rotweiß-schwarze Elsasstracht an, die es hier seit der Befreiung gibt für folkloristische Begegnungen. Das Dorf wird abgeriegelt. Die 10000 oder 15000 Gäste bezahlen Eintritt und bekommen ein kleines Glas in die Hand. Damit ziehen sie durch die Höfe und vergleichen die wunderbaren Weine, die die Winzerinnen mit den riesigen Taftschleifen auf dem Kopf ausschenken. Und bei Zwiebelkuchen unter Feigenbäumen oder zwischen wucherndem Oleander dürfen sie von einem Elsass träumen, das es immer wieder gibt und das vielleicht nie war.

Angelika Overath, *Dr. phil., Kisch-Preisträgerin, ist freie Journalistin und Buchautorin in Tübingen (u. a. „Vom Sekundenglück brennender Papierchen“, Libelle Verlag).*

Die Elsässer Weinstraße bietet viele Gelegenheiten, edle Tropfen der Region zu kosten

Jung, frisch und zuverlässig

Von elsässischen Rieslingen, Sylvanern, Gewürztraminern und Crémants wird kein Wein-Liebhaber enttäuscht

Text: Manfred Koch

Die beruhigendste Botschaft vorweg: Wer im Elsass Wein trinkt, dem kann nichts Schlimmes passieren. Produktion und Vertrieb von elsässischem Wein unterliegen so strengen Reglementierungen, dass jeder Flasche mit der Herkunftsbezeichnung *Appellation Alsace Contrôlée* bedenkenlos Vertrauen entgegengebracht werden kann. Seit 1972 darf elsässischer Wein nur in der Region abgefüllt werden, Vermischung mit Weinen aus anderen Gebieten wird damit verhindert. Kein Wein gelangt in den Verkauf, der nicht mehrfach kontrolliert wurde (das beginnt bereits vor der Ernte). Dank rigider Ertragsbeschränkungen kam Elsässer Wein zudem nie in den Ruf der Massenware. Es ist kein Zufall, dass das Elsass von Weinskandalen bislang verschont blieb.

Kann man also davon ausgehen, dass alle elsässischen Erzeuger einen ehrlichen, zuverlässigen Wein anbieten, so variiert die besondere Qualität natürlich von Betrieb zu Betrieb. Etwa 8000 Produzenten bewirtschaften die 14500 Hektar Gesamtrebfläche des Elsass. Erfreulicherweise sind die vielen verschiedenen Winzernamen das einzig Verwirrende in der Elsässer Weinwelt. Ansonsten ist die Bezeichnung und Klassifizierung der Weine – verglichen mit anderen Regionen Frankreichs – sehr einfach:

Elsässer Wein wird zunächst nach der Rebsorte unterschieden. Sechs Weißweine und ein Rosé werden angebaut. Bei den Weißweinen besteht eine klare Hierarchie: Die „Könige" sind Riesling und Gewürztraminer, als Edeltrauben gelten weiter Muscat und Pinot gris (Tokay d'Alsace); das „Fußvolk" bilden Sylvaner und Pinot blanc. Die einzige rote Rebsorte ist der Pinot noir, ein Roséwein, der durch besondere Gärverfahren auch mit einem dunkleren Farbton als echter Rotwein auf den Markt kommen kann. Ein Wein, der unter einem dieser Namen abgefüllt ist, muss zu 100 Prozent der angegebenen Traubensorte entsprechen.

Der sogenannte Edelzwicker hingegen ist ein Verschnitt mehrerer Weißweine, bei dem häufig auch die einst weit verbreitete Chasselas-Traube (deutsch: Gutedel) verwendet wird, die als reine Sorte fast nicht mehr im Verkauf auftaucht (viele Winzer bedauern das sich abzeichnende Verschwinden des Chasselas, weil sie ihn als leichten, würzigen Tischwein für alle Tage schätzen). Aus mehreren Rebsorten (vor allem Pinot-Trauben) gemischt wird auch der Crémant d'Alsace, der nach der traditionellen Champagner-Methode ausgebaute Elsässer Schaumwein.

Seit Beginn der achtziger Jahre wurde zudem eine geographische Qualitätseinteilung eingeführt. 50 ausgezeichnete Lagen aus dem gesamten elsässischen Weinbaugebiet erhielten das Prädikat *Grand Cru* (wörtlich: „großes Gewächs"). Ein Wein, der zu 100 Prozent aus Trauben dieser Lagen gepresst wurde, kann unter der *Appellation Alsace Grand Cru* verkauft werden. Auch hier versucht man, durch strenge Auflagen die Qualität (und natürlich auch ein bestimmtes Preisniveau) zu garantieren: Die Ertragsbeschränkung ist noch enger (maximal 60 Hektoliter pro Hektar, bei Normallagen sind es 80 Hektoliter), und die Deklaration als *Grand Cru* ist nur zulässig für Weine, die aus den vier Edelsorten Riesling, Gewürztraminer, Muscat und Pinot gris gewonnen wurden (wer also alte Sylvaner-Reben in einer *Grand-Cru*-Lage besitzt, hat zumindest fürs Etikett nichts davon). Die Hänge, denen die *Grand-Cru*-Auszeichnung zuteil wurde, sind meist schon seit Jahrhunderten für ihre Vorzüge bekannt: Ein wärmespeichernder, eher magerer Boden, günstige Sonneneinstrahlung und Windgeschütztheit in mittlerer Höhe (rund 250-350 Meter), sowie ein Gefälle, das für gute Entwässerung sorgt, machen zusammen die Qualität eines solchen *terroir exceptionnel* aus.

Die höchsten und teuersten Klassifikationen sind *Vendange Tardive* (Spätlese) und *Sélection de Grains Nobles* (Beerenauslese). Bei günstigen Wetterbedingungen im Herbst werden diese Weine aus sehr reifen, manchmal bereits von Edelfäule befallenen Trauben hergestellt. Sie sind im Geschmack ungewöhnlich intensiv, von dezenter bis honigartiger Süße und durchaus kräftig (beginnend mit mindestens 13 Prozent Alkoholgehalt bei Spätlesen bis hin zu 16,5 Prozent bei *Sélections de Grains Nobles*).

Seine unverkennbare Eigenart verdankt der Elsässer Wein sowohl klimatischen wie kulturellen Gegebenheiten. Das Elsass ist eine der nördlichsten Weinbauregionen Frankreichs, zugleich aber auch eine der niederschlagsärmsten. Im Regenschatten der Vogesen sind die Trauben bei „nördlich" niedrigeren Temperaturen einer anhaltenden „südlichen" Sonneneinstrahlung ausgesetzt. Das Resultat ist ein reifer, voller Wein, der dennoch nicht schwer wirkt, sondern durch seine Frische und Eleganz begeistert.

Kulturell ist der Elsässer Wein ein Mischling, sofern hier hauptsächlich deutsche Rebsorten auf französische Weise verarbeitet werden. Die ohne nachträgliche Süßung trocken vergorenen Elsässer Weine fallen im Allgemeinen kräftiger, kompakter aus als ihre deutschen Pendants: Ein Elsässer Riesling schmeckt wesentlich kerniger als ein deutscher, ein Elsässer Tokay (Pinot gris) ist intensiver als ein deutscher Grauburgunder.

Wer im Restaurant die Qual der Wahl hat, sollte sich durch die offizielle Hierarchisierung nicht zu einer vorschnellen Geringschätzung der „gewöhnlichen" Sorten Sylvaner und Pinot blanc hinreißen lassen. Es sind die Weine mit dem niedrigsten Alkoholgehalt, meist erfrischend und bekömmlich und für leichtere Mahlzeiten ideal geeignet. Der Riesling ist auch darin der Souverän der Elsassweine, dass er die breiteste Palette an guten Speisen regiert: Man empfiehlt ihn zu allen Arten von Fischgerichten, zu Geflügel, aber auch zu Spezialitäten wie Schnecken, Sauerkraut, geräucherte und gepökelte Schweineschulter oder Flammekueche. Gewürztraminer mit ihrem duftig-würzigen Aroma gelten gemeinhin als wunderbare Begleitweine für die ziemlich schweren Vor- und Nachspeisen der Region; es schadet aber gar nichts, ein ganzes Menü bis hin zum süßen Dessert mit einer Flasche Gewürztraminer zu bestreiten. Ebenso beliebt ist die Kombination von Gänseleber-Brioche mit Pinot gris; der füllige, oft wuchtige Wein passt aber auch gut zu Fasan oder zu Baeckeoffe. Den Muscat trinken die Einheimischen bevorzugt als exzellenten Apéritif. Wer aber einmal frischen Spargel mit Muscat gekostet hat, wird immer wieder die Kombination von leichten Gemüsegerichten mit diesem blumigen Wein versuchen (der Elsässer Muscat ist bei weitem nicht so schwer und narkotisierend wie die Muscats aus Südfrankreich). Mit dem Pinot noir schließlich verfügt das Elsass über einen leichten Rosé- oder Rotwein, der mit den verschiedensten Fleischgerichten harmoniert.

Elsässer Wein wird meist jung getrunken. Das ist bei Sylvaner, Pinot blanc und auch beim Muscat durchaus sinnvoll. Die kräftigeren Riesling-, Gewürztraminer- und Pinot-gris-Weine entfalten aber oft erst nach vier oder mehr Jahren ihre eigentliche Qualität und können unbedenklich bis zu zehn Jahren gelagert werden. Es empfiehlt sich deshalb, bei einer Elsass-Reise die Bestände großzügig anzulegen.

Manfred Koch, *Dr. phil., Publizist und Literaturwissenschaftler, lebt in Tübingen.*

Ammerschwihr
ADAM
3, R. de l'Aigle, Tel. 03 89 78 23 21, Fax 03 89 47 35 91, Mo-Fr 8 bis 12 und 14-18 Uhr Riesling, Gewürztraminer Kaefferkopf, Crémant, Schnaps **C 8**

Andlau
DOMAINE GRESSER
2, R. de l'École, Tel. 03 88 08 95 88, Fax 03 88 08 55 99, E-mail: andre.remy gresser@hol.fr, Mo-Sa 9 bis 12 Uhr und 14-18 Uhr Crémant, Alsace Grand Cru Kastelberg/Wiebelsberg/Mönchberg und Schnaps **C/D 6**

Barr
DOMAINE KLIPFEL
6, Av. de la Gare, Tel. 03 88 58 59 00, Fax 03 88 08 53 18, E-mail: alsace-wine@klipfel.com, tgl. außer Jan. 10-18 Uhr Riesling, Gewürztraminer, Schnaps **D 6**

Beblenheim
AU CHÂTEAU
14, R. de Hoen, Tel. 03 89 47 90 02, Fax 03 89 47 86 85, April-Dez. tgl. 10-12 u. 15-19 Uhr Zahlreiche Grand Crus, Pinot noir; die Gebäude stammen hier zum Teil noch aus dem 15. Jh. **C 8**

Bennwihr
BESTHEIM
3, Rue du Général-de-Gaulle, Tel. 03 89 49 09 29, Fax 03 89 49 09 20, tgl. 9-12 und 14-18 Uhr Crémant, Pinot blanc **C 8**

Bergheim
LORENTZ
35, Grand'Rue, Tel. 03 89 73 22 22, Fax 03 89 73 30 49, tgl. außer Do und Sa 8-12 Uhr u. 13.30-18 Uhr Riesling Altenberg und Gewürztraminer **C 8**

Eguisheim
WOLFBERGER
6, Grand'Rue, Tel. 03 89 22 20 20, Fax 03 89 23 47 09, E-mail: wolfberger@wanadoo.fr, tgl. 8-12 Uhr u. 14 bis 18 Uhr Größter Crémant-Hersteller der Region, Tokay, Pinot noir und Schnäpse **C 9**

Gueberschwihr
LICHTLÉ FERNAND & FILS
10, Rue des Forgerons, Telefon 03 89 49 22 76, tgl. ohne feste Öffnungszeiten Ein Familienmitglied ist immer da, lässt probieren und verkauft Gewürztraminer, Muscat, Tokay, Riesling **C 9**

Mittelbergheim
EMILE BOECKEL
2, Rue de la Montagne, Telefon 03 88 08 91 02, Fax 03 88 08 91 88, Mo-Sa 8-12 u. 14-18 Uhr, So mit Anmeldung Crémant aus Chardonnay, Riesling Moenchberg, Wibelsberg, Zotzenberg **D 6**

Pfaffenheim
DOMAINE FREUDENREICH
R. du Riesling, Tel. 03 89 49 60 93, Fax 03 89 78 54 46, Mo-Sa 8-20 Uhr, So nach Anmeldung, während der Weinlese geschl. Eiswein und Spätlesen (Winzerfamilie seit 1714) **C 9**

FRICK
5, Rue Baer, Tel. 03 89 49 62 99, Fax 03 89 49 73 78, tgl. außer So 8 bis 11.30 u. 14-18 Uhr Ausgezeichnete biologische Weine verschiedener Rebsorten, sehr guter Crémant

Ribeauvillé
CAVE VINICOLE DE RIBEAUVILLÉ
2, Route de Colmar, Telefon 03 89 73 61 80, Fax 03 89 73 31 21, tgl. 8-12 u. 14-17 Uhr Riesling, Tokay, Gewürztraminer Clos du Zahnacker, sehr guter Crémant (älteste Weinkooperative Frankreichs, 1895 gegründet) **C 8**

Riquewihr
DOPFF UND IRION
Château de Riquewihr, Telefon 03 89 47 92 51, Fax 03 89 47 98 90, April-Nov. tgl. 10-19 Uhr Berühmte Tokay, Riesling, Muscat, Spätlesen **C 8**

HUGEL
3, Rue de la Première Armée, Tel. 03 89 47 92 15, Fax 03 89 49 00 10, März-Dez. tgl. nach Anmeldung Sehr guter Pinot noir, Tokay und Spätlesen

Rodern
KOEBERLE-KREYER
28, Rue du Pinot Noir, Tel./Fax 03 89 73 00 55, April-Oktober tgl. 8-12 und 14-19 Uhr, sonst nach Anmeldung Renommiert für Pinot noir, Tokay, Crémant und Spätlesen **C 7**

Rohrschwihr
ROLLI EDEL
5, R. de l'Église, Tel. 03 89 73 63 26 und Fax 03 89 73 83 50, täglich nach Anmeldung Pinot, Tokay und Riesling **C 7**

Scherwiller
DUSSOURT
2, Rue de Dambach, Telefon 03 88 92 10 27, Fax 03 88 82 70 47, Mo-Sa 8-12 und 13-19 Uhr Riesling, guter Crémant **C/D 7**

Zellenberg
BECKER
4, Route d'Ostheim, Telefon 03 89 47 90 16, Fax 03 89 47 99 57, tgl. 10-12 und 14-18 Uhr, nicht während der Weinlese Riesling, Gewürztraminer und Schnäpse (1610 gegründeter Weinkeller mit 200-jährigen Eichenfässern u. Sammlung alter Geräte) **C 8**

Seit Jahrzehnten unangefochten: die „Auberge de l'Ill". Ein Fixstern internationaler Gourmets, zum Leuchten gebracht von den Brüdern Jean-Pierre und Paul Haeberlin. Ein Besuch in der familiären Galaxie von Illhaeusern

Text: Dominik Wichmann Fotos: Ogando

Im Hinterzim

Unter den Fittichen der Haeberlein-Brüder Paul (mit Zeitung) und Jean-Pierre zu arbeiten und zu lernen, kommt für jeden Jungkoch einem Ritterschlag gleich

mer der Haute Cuisine

Am Tag, als Jean-Pierre Haeberlin in den Himmel über Frankreich steigen sollte, an jenem Tag wäre wohl das Diesseits aus dem Takt geraten. Die Feuer auf allen Herden der Nation wären erloschen, der Durst und Appetit der Hungernden versiegt, die Speisen erkaltet, der Schaum wäre geronnen und das Geschirr zerbrochen. Der liebe Gott muss ein Feinschmecker sein, denn sonst hätte er am Morgen des 10. Februar 1999 den Erdenmenschen Jean-Pierre Haeberlin nicht von des Todes Schippe springen lassen.

„Bis zum Frühstück fühlte ich mich pudelwohl", sagt Jean-Pierre Haeberlin, ein fragiles Männchen von 75 Jahren, einige Monate nach seinem Schlaganfall. Er hatte damals Urlaub, und den verbrachte er so wie jedes Jahr: im Februar an die Atlantikküste reisen, in Biarritz ein Zimmer nehmen, abends die Sinnesfreuden der Nacht willkommen heißen und morgens die Wonnen eines späten Frühstücks im Bett genießen.

Übrig blieben ein greiser Körper, eine gelähmte Luftröhre, ein vorübergehend verlorenes Gedächtnis. Übrig blieb aber auch die Angst der Angehörigen vor einer Zukunft ohne ihn, einem Elsass ohne seinen Ästheten und einem Frankreich ohne seinen Gourmet.

Der alte Mann erholte sich. Er lernte wieder sprechen, das Gehen und das Essen brachte er sich selbst bei. Und trotzdem ist der Moment, in dem das Schicksal die Todesfuge intonierte, unvergessen, was vielleicht auch daran liegt, dass der Gehirnschlag von Biarritz einen Generationswechsel in der bekanntesten Familie des Elsass ankündigte und Fragen aufwarf, die sich bislang niemand hier zu stellen

Sommelier Serge Dubs atmet die Blume eines Gewürztraminers. Der Weinkeller der „Auberge de l'Ill" ist à la Haeberlin: exzeptionell

Kleines Dorf, große Küche: Die Haeberlins machten Illhaeusern weltbekannt

wagte: Wer kommt nach Jean-Pierre? Wer wird in der Lage sein, so souverän wie er Frankreichs berühmtestes Restaurant, „L'Auberge de l'Ill", zu führen? Und was ist mit Jean-Pierres Bruder Paul, seinem Alter Ego, dem großen Koch und Schöpfer so vieler Speisen? Ist dessen Sohn Marc imstande, das kulinarische Erbe der Haeberlin-Dynastie zu bewahren? Wie geht es weiter in der elsässischen Ortschaft Illhaeusern, wo Jean-Pierre und Paul Haeberlin seit beinahe einem halben Jahrhundert den Begriff der Nahrungsaufnahme von Jahr zu Jahr um eine kulturelle Kategorie erweitern?

„Wir müssen europäisch bleiben", sagt Marc Haeberlin, der mittlerweile 46 Jahre alte Sohn von Paul. Vor rund zehn Jahren schon hat er das Zepter seines Vaters in der Küche übernommen, nachdem er zuvor seine Lehrjahre in den Häusern von Bocuse, Troisgros und Lenôtre absolviert hatte. Marc Haeberlin versuchte, gegen die Skepsis der Konkurrenz das Werk des Alten weiterzuentwickeln, ohne dabei die elsässische Herkunft vieler Kreationen zu verleugnen. Ein paar Meter abseits der Auberge hat er ein Hotel gebaut, hat die Küche renoviert und erweitert, will nun das Restaurant umgestalten und der Zukunft ein Zuhause bauen.

Man müsse europäisch bleiben. Ein merkwürdiger Satz. Klingt nach Ansprachen und Appellen, klingt nach Tagesschau. Was meint Marc bloß?

Marc Haeberlin spricht von seiner Heimat, von einem Flecken Erde, der von jeher in die Zeitläufte eingeklemmt war wie keine zweite Region des alten Kontinents. Links die Franzosen, rechts die Deutschen, in der Mitte das Elsass, inmitten des Elsass die Ortschaft Illhaeusern und in der Mitte dieser Siedlung zwei Gasthäuser: westlich des Flusses Ill das Lokal „La Truite" (Die Forelle), auf der anderen Seite, zehn Meter in Richtung Osten, „L'Arbre Vert", der Grüne Baum. Dazwischen markiert der kleine Fluss von jeher eine Differenz. Mal politisch, mal kulturell, mal religiös, mal kulinarisch. Und dort, wo es knirscht und ächzt, weil Grenzen aneinander kratzen, da entsteht – im besten Fall – Kultur.

Im allerbesten Fall jedoch leben hier zwei miteinander wetteifernde Wirtsfamilien, und es entsteht so etwas wie Esskultur. „L'Arbre Vert" war das Gasthaus der Familie Haeberlin, und wäre nicht der Krieg gewesen, hätten die Franzosen die Brücke über die Ill und die Häuser drumherum nicht gesprengt, sicherlich würden die Gourmets dieser Welt das kleine Kaff inmitten des Elsass heute nicht mit der Mystik eines Wallfahrtsorts umgeben. Jedenfalls nicht „La Truite", nicht die Bauernkneipe „L'Arbre Vert". So aber bestand der Familienrat der Haeberlins nach dem Ende des Zweiten Weltkriegs darauf, dass ihre beiden Söhne Paul und Jean-Pierre erst das zerstörte Haus wieder aufbauten, bevor sie die Provinz Richtung Paris verlassen durften.

Dazu ist es nie gekommen. Paul und Jean-Pierre zogen nicht in die Welt hinaus, sondern blieben und beschlossen hier den Neuanfang. „L'Arbre Vert" nannten sie fortan „L'Auberge de l'Ill".

Und bald schon kam die Welt zu ihnen. 1952 der erste Stern des Guide Michelin, fünf Jahre später der zweite, 1967

Salomé, Paul Haeberlins Enkelin, studiert mit dem Oberkellner die Speisekarte. Im Hinterzimmer der Auberge, ihrem ganz privaten Versammlungsraum, tafelt die Familie Haeberlin. Von links: Marc, Jean-Pierre, Pauls Frau Marie, Danielle, Claire, Letitia und Paul. Dreimal täglich treffen sie sich hier, beraten und kosten Pauls und Marcs neueste Kochkreationen

der dritte. Inmitten der Provinz inszenierten die Haeberlins auf ihrer Bühne mit zivilisatorischem Eifer ein täglich wiederkehrendes Spektakel. Es kamen Könige und Fußballstars, Astronauten und Literaten.

Es kamen alle, denn den beiden Brüdern war es gelungen, das Beste ihrer einander konträren Talente zu einer Symbiose zusammenzuführen: Jean-Pierre, der Künstler und Ästhet, der Geck, der Gartenfetischist und Liebhaber der Opulenz, schuf den Rahmen für das Wirken seines Bruders Paul, des Bescheidenen. Des Stillen. Des menschenscheuen Exzentrikers am Herd. Der eine leitete das Restaurant, der andere die Küche. Gemeinsam schufen sie eine Parzelle des Wohllebens.

Das Restaurant der Familie Haeberlin steht direkt am Ufersaum der Ill. Es ist ein großes Haus, getüncht in erdbraunen Farben, verziert mit ein paar dürren Schnörkeln entlang der Fensterbögen. Im Innern der Auberge öffnet sich die Fensterfront zum Fluss, und wenn es draußen dunkel ist, dann flirren die Scheinwerfer der über die Brücke fahrenden Autos wie Sternschnuppen durch den Raum.

Die Schönheit dieses Ortes, sein Garten, die Pagoden und die Trauerweiden, verdichtet sich bei Dunkelheit zur Poesie des belichteten Augenblicks. Dieses Schauspiel wiederholt sich stundenlang, bis zur Morgendämmerung, bis zu jenem Moment, in dem ein alter Mann vom Nachbarhaus herüberschleicht und die Küche aufsperrt.

Jeden Tag um fünf Uhr dreißig tappt Paul Haeberlin als Erster der Familie 50 Schritte von seinem Wohnhaus zur Auberge, mahlt und brüht den Kaffee, schneidet Brot und war-

tet auf die Lieferanten. Paul trägt einen grünen Pullover, sein schütteres, graues Haar hat er straff nach hinten gekämmt. Er sitzt in einem Hinterzimmer, dessen Einrichtung und gesellschaftliche Funktion den abstrakten Begriff der Familientradition sichtbar macht: An den Wänden hängen Porträts der Vorfahren, auch von Marthe Haeberlin, der Mutter von Jean-Pierre und Paul, die vor fast 100 Jahren als Erste in der Familie das Essen nicht mehr als bloße Sättigung verstand.

In der Mitte des Zimmers steht ein brauner Eichentisch, an dem sich alle Generationen der Familie morgens, mittags und abends versammeln. Eltern, Kinder und Kindeskinder. Zwölf Personen insgesamt.

Sieben Uhr. Marc betritt den Raum. Er sagt nicht viel an diesem Morgen. Schweigend sitzt er neben seinem Vater, und erst als auch die Mutter kommt, will er mit dem Alten reden. Über die Preise chinesischer Trüffel („niedrig, aber schlechte Qualität") und das unstete Leben eines Familienfreundes. Mehr nicht, nicht an diesem Morgen.

Acht Uhr, das Zimmer füllt sich. Jean-Pierre ist da und mit ihm der Duft von Sandelholz. Pauls Gattin Marie verkündet unterdessen laut, sich heute der Blumen im Foyer des Hauses anzunehmen. Danielle, Marcs Schwester, unter deren Obhut die Qualität des Service im Restaurant gedeihen soll, sitzt am Tisch, daneben ihr Mann Marco, der das Hotel der Haeberlins leitet. Auch er spricht wenig, nur einmal, als er seiner Tochter Salomé etwas sehr Elternhaftes zur sinnvollen Gestaltung der Ferien mitteilt.

Es ist ein Kommen und Gehen um diese Stunde, Fischhändler, Bauern und Winzer blicken abwechselnd zur Tür herein und winken einen, der in ihrer Angelegenheit das Sagen hat, aus dem Hinterzimmer in die Küche.

Dort dampft es schon. Aus meterhohen Töpfen quillt dicker Dunst, es riecht nach gekochtem Fleisch, nach Fisch, nach frischen Früchten, die, von Küchenjungen zerhackt und gequirlt, ihrer weiteren Verarbeitung in Torten und Pralinen harren. Einer entbeint einen Haufen Froschschenkel, ein anderer knetet Teig.

Zwanzig Leute sind in der gut 300 Quadratmeter großen Küche damit beschäftigt, zweimal pro Tag sieben Gänge pro Menü durch die Schleuse in das Restaurant zu schieben, wo es um diese Zeit noch menschenleer ist. Mildes Morgenlicht fällt auf den grünen Teppichboden und das blendend helle Weiß der Tischdecken.

In der Küche, inmitten des Tumults

der Sinneswahrnehmungen, steht nun auch der alte Paul und kocht an einem kleinen Herd die Suppe für das Personal. Das macht er jeden Tag. Derweil sitzt Marc gemeinsam mit Serge Dubs, dem Sommelier des Hauses, an einem Tisch und riecht an einem Glas Gewürztraminer. Und oben, unterm Dach, guckt eine Heerschar Kellner „Dallas" und wartet auf das Startsignal für ihren Einsatz. Es ist kurz vor zwölf.

Die „Auberge de l'Ill" gehört zu Frankreichs bekanntesten Restaurants. Seit nunmehr dreiunddreißig Jahren schmücken sich die Haeberlins mit drei Sternen, und das ununterbrochen.

Im idyllischen Garten der Auberge werden nur Aperitifs serviert. Häufig begrüßt Jean-Pierre Haeberlin hier draußen seine Gäste

„In gewisser Weise ist das auch eine Last", sagt Marc, der mit der Bürde, einmal einen Stern verlieren zu können, nun schon seit langen Jahren lebt. Im März, wenn die Sterne vergeben werden, bekennt Marc, sei er immer ein wenig angespannt. „So muss es aber sein, das ist gut so, das spornt an."

Doch die Herausforderung, das hohe Niveau zu halten, wird für die Haeberlins zunehmend schwieriger. Die Auberge, einst erste Hochburg guten Essens westlich des Rheins, ist nurmehr Gleiche unter Gleichen. In Deutschland haben Haeberlins Zauberlehrlinge eine ganze Gesellschaft verändert, haben Rohmilchkäse unters Volk gebracht, Fritteusen abmontiert und Gemüse nicht mehr gekocht, sondern gedünstet.

Fast alle großen Köche haben in der Küche der Haeberlins ihr Handwerk gelernt. Eckart Witzigmann zum Beispiel. „Auf diesem Stuhl", sagt Paul und deutet auf einen Küchenschemel, da habe der junge Eckart gesessen und gesagt, mit 20 wolle er der größte Koch aller Zeiten werden und mit 40, da wolle er sterben. Wenig später ist er dann nach München gegangen, um dort seine schönsten Erfolge und bittersten Niederlagen zu erleben. Der Tod blieb ihm erspart.

Acht Uhr abends. Noch immer dampfen die Töpfe, noch immer riecht es nach gebratenem Fleisch und nach Fisch. Der Tag scheint an den Ereignissen in der fensterlosen Küche spurlos vorübergegangen zu sein. Ist es mittags? Ist es abends? Der Kreislauf von 24 Stunden ist hier anders strukturiert als draußen.

Immer köchelt etwas, stets erfüllt irgendein Aroma den Raum. Vor dem Essen ist nach dem Essen, und machmal, sagt ein Österreicher namens Armin Leitgeb, vergesse man vor lauter Arbeit schon die Tageszeit.

Seit fast zwei Jahren lernt der 23 Jahre alte Nachwuchskoch unter den Fittichen Marc Haeberlins sein Handwerk. „Das Klassische, das Schwere an der elsässischen Küche hat mich gereizt", sagt Leitgeb. Nur deshalb sei er hier nach Illhaeusern gekommen, denn besonders innovativ sei die Auberge ja nicht gerade.

Marc Haeberlin weiß das. Er kennt die Argumente seiner Kritiker, die Küche sei zu schwer, zu wenig flexibel und zu verschlossen gegenüber neuen Trends. Vielleicht deshalb benutzt er so gerne diesen lauen Satz von der Europäisierung seiner Gerichte. Spricht von der Kombination aus Regionalem und Internationalem. Vielleicht aber auch nur deshalb, weil Marc Haeberlin eigentlich lieber kocht als redet. Weil er von Worten nicht viel zu halten scheint. Vielleicht aber spricht er auch aus einem anderen Grund so viel über das Regionale. Dem gleichen Grund, aus dem sein Vater und dessen Bruder einst nicht auf der Woge ihres Erfolgs nach Paris in die Hauptstadt glitten, um dort zu kochen: weil sie ihre Heimat nicht verlassen wollten. Weil sie das Elsass zu sehr liebten, um es gegen die Wucht der Metropole einzutauschen.

Viel wird sich ändern in Illhaeusern, und nichts wird sich ändern in Illhaeusern. Jean-Pierre wird sterben, und Paul wird sterben. Irgendwann an einem Tag in naher Zukunft. Die Feuer auf den Herden der Nation werden für den Augenblick der Trauer erlöschen, doch bald schon wird es weitergehen. Denn Marc, Danielle und alle anderen Haeberlins, sie werden bleiben, neue Gerichte erfinden und andere Gäste verwöhnen. Die kleine Salomé wird wachsen und mit Sicherheit noch schöner als Laetitia Casta werden. Und alle werden sich morgens, mittags und abends in dem kleinen Hinterzimmer der „Auberge de l'Ill" zusammensetzen und schweigen und essen und plaudern.

So wie seit jeher.

Dominik Wichmann *ist Chefredakteur des* SZ-Magazins. *Er lebt in München.*

L'AUBERGE DE L'ILL

2, Rue de Collonges, Illhaeusern, Tel. 03 89 71 89 00, tgl. außer Mo, Di u. Feb., Menü ab 550 FF Ausgewählte Köstlichkeiten wie Stör auf Sauerkrautbett oder iranischer Kaviar, Trüffel in Kartoffelkruste, auf Heu gebratene Aale mit Kräuterbutter oder den berühmten Flammekueche **D 8**

Text: Cora Stephan, Fotos: Wilfried Bauer

Wacht im Frühlingswald: Stählerne Panzerkuppeln und 3,5 Meter dicker Beton sicherten die Eingänge des unterirdischen Festungswerks Schœnenbourg

Kein Weg führt im Elsass vorbei an den Bunkern der Maginot-Linie, an Mahnmale
und Struthof, die Deutsche und Franzosen auf ein friedliches und einiges Europ

In den Tiefen Europas

nd Soldatenfriedhöfen. Es sind Orte wie Schœnenbourg, Le Linge
offen lassen

Zwei Ritter im härenen Hemd glaubt man von weitem zu erkennen auf der Lichtung im gefiederten Frühlingswald – die Augen schmale Schlitze unter dem eisernen Helm, die Fäuste um den Knauf des Schwertes gelegt; die Wacht im Wald, schwarz und schweigend, wartend auf den Jüngsten Tag. Wiesenschaumkraut flutet über den feuchten Waldweg, eine Fliege umkreist verrostete Stahlträger, auf dem grauen Mauerwerk blüht Salpeter, und aus dem Graben zu seinen Füßen strömt der Geruch von Fäulnis. Das Werk Schœnenbourg liegt da wie dem Märchenbuch entsprungen. Aus der Nähe besehen sind die Ritter aus körnigem Beton, ihre Helme sind eiserne Beobachtungskuppeln, darunter gähnen Schießscharten, dahinter wähnt man die Schnauze eines Geschützes.

Natürlich besteht das Elsass nicht nur aus Flammekueche und Gugelhupf, aus Riesling, Störchen und Munsterkäse, aus Fachwerklieblichkeit und attraktiven Bergstrecken für Radfahrer. Nur wenige Kilometer von den bekannten Routen entfernt findet sich eine andere Realität. Wer sie vermisst hat, die Grenze zwischen Deutschland und Frankreich, die er kurz vor Wissembourg überfahren hat, der wird schon wenige Kilometer weiter mit einer Grenze konfrontiert, die keine Weisheit von Staatsmännern mehr zum Verschwinden bringen kann, die womöglich tatsächlich Wacht hält bis ans Ende der Zeit.

Die Maginot-Linie reicht von der Nordsee bis zum Mittelmeer, gewiss – aber im nördlichen Elsass ist sie besonders prägend. Der gigantische Befestigungswall entlang der Grenze zu Deutschland mit seinen Werken und Kasematten, seinen Vorposten und Unterständen ist ein grimmiges Denkmal der deutsch-französischen Erbfeindschaft und des alten kriegerischen Europa. Heute ist der nach Kriegsminister André Maginot benannte Wall Touristenattraktion.

Einige Jahrhunderte lang war heftig umstritten, zu wem das Elsass gehörte – zu den Deutschen oder zu Frankreich. Wer die Maginot-Linie entlangwandert, vermag sich eine Vorstellung zu machen von der Tiefe des Konflikts, dessen Ende noch nicht lange her ist.

Es grenzt an ein Wunder, dass dieses seit 1919 geplante und von 1929 an unter enormen Kosten gebaute Sinnbild der Sicherheitsängste einer ganzen Nation seit den achtziger Jahren jedermann zugänglich ist.

20 bis 30 Meter unter Tage verbindet ein drei Kilometer langes Stollensystem mit Lorenbahn die Kampfblocks, Kasernen und Munitionsdepots von Schœnenbourg

Denn das mittelalterliche Gepräge des Manschaftseingangs des Werkes Schœnenbourg täuscht natürlich. Was wie eine altertümliche Festung aussieht, birgt eine vergleichsweise moderne Anlage mit Großküche, Maschinenraum und großkalibrigen Geschützen, die im Kriegsfall 630 Mann Platz bot und deren Lebensmittel-, Wasser-, Treibstoff- und Munitionsvorräte ein Überdauern von drei Monaten erlaubten.

Nicht Mittelalter, sondern modernster Stand der Technik waren die Bauten der Maginot-Linie im Moment ihrer Bewährung, der indes ihre Nutzlosigkeit zeigte. Die Festung Schœnenbourg wurde vom 14. Mai 1940 an von der deutschen Artillerie angegriffen und vom 20. Juni an aus der Luft bombardiert. Insgesamt fielen 3000 Geschosse und Bomben auf das Fort, dessen Besatzung sich erst nach dem Inkrafttreten des Waffenstillstands auf Befehl des französischen Oberkommandos ergab. Ob die Anlage, deren Besatzung *On ne passe pas* (Wir weichen nicht) zum Wahlspruch hatte, dem Angriff der Deutschen noch länger standgehalten hätte, weiß man nicht. Die Wehrmacht war über Belgien einmarschiert und hatte die Maginot-Linie links liegen gelassen.

Der Weg nach Schœnenbourg führt durch einen Wald, in dem junges Grün die Schneisen zu verdecken beginnt, die der große Sturm zur Jahreswende 2000 geschlagen hat. Überall geborstene Baumstümpfe, nicht selten erinnert die Szene an jene Bilder vom Ersten Weltkrieg, die unvergesslich sind – an die geborstenen Baumstümpfe, die das Trommelfeuer etwa von den einst mächtigen Wäldern bei Verdun übrig gelassen hat. Die Erinnerung an Verdun liegt auch aus einem anderen Grund nahe: Verdun steht für eine bittere Lehre des Ersten Weltkriegs. Seit dem Mittelalter, verstärkt noch seit der Revolutionierung der Festungsarchitektur durch Marschall Vauban Ende des 17. Jahrhunderts, hatte man im alten Europa auf die Wirkung von Befestigungsanlagen gegen einmarschierende Heere gesetzt. 1914 hatte man in Frankreich geglaubt, diese Zeiten seien vorbei. Doch die alten Festungen, etwa bei Verdun, widerstanden auch dem modernen Krieg und seinen mächtigen Waffen – sogar mit einer Notbesetzung.

Daraus zog die französische Generalität nach 1918 ihre Schlüsse. Die alten Festungen – die ursprünglich deutschen von Metz oder Straßburg –

In Schreibstuben und Befehlsständen herrschte eine konstante Temperatur von 13 Grad. Die Besatzung von Schœnenbourg bestand aus 630 Mann

Hinter dem Stacheldraht des Vernichtungslagers Le Struthof ermordeten deutsche Nazis zwischen 1941 und 1944 mehr als 10 000 Menschen. Franzosen, Polen, Holländer. Juden, Zigeuner, Zwangsarbeiter

Schießscharten, bröckelnder Beton, Schützengräben: Am Linge starben Deutsche und Franzosen in Ruf- und Sichtweite voneinander

sollten modernisiert, weitere nach den neuesten militärtechnischen Erkenntnissen gebaut werden. Zwischen 1929 und 1936 entstand die Maginot-Linie, bestehend aus 25 befestigten Abschnitten, davon 20 in Nord- und Nordostfrankreich. Im Elsass reicht der Befestigungsabschnitt Vogesen von Bitche bis Lembach, der Befestigungsabschnitt Haguenau von Lembach bis Fort-Louis. Die Milliardeninvestition nützte nichts. Die Franzosen hatten eine zweite Lehre aus dem Ersten Weltkrieg übersehen: Sie ließen die Grenze zu Belgien ungesichert.

Die Gruppe von Touristen, die vor dem Eingang zum Artilleriewerk Schœnenbourg wartet, hat sich trotz des milden Frühlingswetters mit dicken Jacken versorgt. Es geht tief hinunter unter den Boden, an einigen Stellen bis zu 25 Meter tief, wo eine konstante Temperatur von 13 Grad herrscht. Es riecht nach fauligem Wasser und bröselndem Beton. Aber das täuscht: Das Geschütz im Panzerturm lässt sich noch ausfahren, der 1200 Meter lange Hauptstollen ist völlig intakt, Großküche, Elektrizitätswerk, Belüftung und Wasseranlage ließen sich wahrscheinlich im Handumdrehen wieder in Gang setzen. Doch diesmal soll der Krieg nicht wieder nach Europa kommen. Käme er doch, glaubt man hüben wie drüben, würde er anders aussehen als alle Kriege zuvor.

Das Elsass und seine benachbarten Regionen sind Grenzgebiet und damit ein stets umkämpftes Terrain gewesen – die vielen Vaubanschen Zitadellen, etwa in Bitche oder Neuf-Brisach, sprechen davon, die Soldatenfriedhöfe und Erinnerungsstätten des Krieges von 1870/71, die „Eiserne Linie“, die man auf französischer Seite Ende des 19. Jahrhunderts jenseits des damaligen Grenzverlaufs baute, die Denkmäler und Schauplätze der Kämpfe beider Weltkriege bezeugen es. Aber ein „Paukboden des Krieges“ ist hier nie gewesen, anders als im flachen Flandern, in dem seit Jahrtausenden Schlacht um Schlacht geschlagen wurde.

Die steilen Hänge der Vogesen eigneten sich nicht für die klassische Feldschlacht, weshalb der weise Marschall Henri Turenne zu besseren Zeiten bemüht war, eine Schlacht zu vermeiden, den Gegner – die Kaiserlichen – regelrecht aus dem Elsass hinauszukomplimentieren, indem er seine Ankunft durch Geschützdonner verkünden ließ und an allen Ausgängen der Vogesen den Feind durch Scharmützel warnte. Dennoch siegte Turenne 1675 bei Turckheim über die Reichsarmee. Erst 1871 ist das Elsass wieder in deutscher Hand. Und im Ersten Weltkrieg sind auch die unwirtlichen Vogesen Schauplatz heftiger Kämpfe – auf dem Donon, am Vieil Armand (Hartmannsweilerkopf), am Kleinen Wasen, auf dem Linge.

Auf diesem Berg ist der Winter Anfang April noch nicht beendet und der Sommer im Oktober vorbei. Le Linge, der Lingekopf, liegt 986 Meter hoch und noch im April unter einer Schneedecke, Wolken ziehen tief über unsere Köpfe hinweg. Unvorstellbar, dass hier eine Schlacht getobt haben soll, auf diesem schmalen Felsplateau, von wo aus der Blick ins weite Land geht.

Tatsächlich haben die Franzosen vom 20. Juli 1915 an versucht, jene Höhen zu erobern, von denen aus man die entscheidenden Kommunikationslinien durch die Vogesen kontrollieren konnte. Die Deutschen hatten sich auf dem Hohrodberg, dem Frauenkopf und dem Lingekopf fest verschanzt – mit gemauerten Schützengräben und Bunkern nebst Gefechtsständen. Man hatte die in ihre Einzelteile zerlegten Geschütze mit Pferden auf die Berge transportiert; am Petit Ballon hatten die Deutschen sogar eine Drahtseilschwebebahn für Munition, Verpflegung und Verletzte gebaut. Am Vieil Armand wurden Stollen vom Fuße des Berges bis zu der vordersten Linie am Gipfel getrieben. Um manche Stellungen lagen nicht nur dichte Stacheldrahtverhaue, sondern auch Starkstromleitungen mit bis zu 5000 Volt.

Der dichte Wald machte die deutschen Stellungen fast unsichtbar und den Zugang schier unmöglich. Talstufe um Talstufe, Höhe um Höhe wurde umkämpft. Am Linge und am Schratzmaennele arbeiteten sich die französischen Soldaten unter großen Verlusten an Menschenleben vor – mehr als 40000 Geschosse soll deutsche Artillerie am 4. und 5. August auf die Angreifer gefeuert haben. Vom Oktober 1915 anschließlich gab es auch hier den andere Abschnitte der Westfront bestimmenden Stillstand des Schützengrabenkriegs. Die Deutschen hielten weiterhin die Kammlinie. Die französischen Gegner hatten sich nur wenige Meter darunter eingegraben. Und deshalb hörte man den Gegner mit dem Kochgeschirr klappern, bei der Morgentoilette pfeifen, über das schlechte Essen und den minderen Wein klagen; man hörte ihn Weihnachtslieder singen oder seine Notdurft verrichten. Nicht unwahrscheinlich, dass sich auch hier die Gegner immer mal abgesprochen oder gar verbrüdert haben, wie es von anderen Frontabschnitten berichtet wird und wie es von den Befehlshabern gar nicht gern gesehen wurde.

An der Westfront des Ersten Weltkriegs gab es schlimmere Schlachten als die am Linge. Doch hier ist, wie man es von Verdun oder Orten im Gebiet der Somme kennt, ein Teil der damaligen Stellungen erhalten geblieben – Gräben, die nicht in den Schlamm gebuddelt, sondern in den Fels gehauen und gemauert worden waren. Der Gang durch die vom Schnee überpuderten, im Zickzack angelegten Laufgräben von den französischen Linien zum Bunker der Deutschen vermag ebenso mächtige wie groteske Bilder beim Besucher hervorzurufen. Nach den blutigen Kämpfen des Sommers 1915, die auf französischer Seite – vor allem bei den Gebirgsjägern, derer ein Obelisk gedenkt – geschätzte 10000 Menschenopfer kosteten, teilten die Kriegsgegner hier fast drei Jahre lang einen Alltag zwischen Beengtheit und Grandiosität. Man fror im früh hereinbrechenden Winter – und bejubelte womöglich im späten Frühjahr die

Wunden im Stahl: Die bis zu 30 Zentimeter dicken Panzertürme der Maginot-Linie widerstanden Granat- und Maschinengewehrbeschuss

ersten Sonnenstrahlen und den hinreißenden Blick auf die Berge und Täler der Vogesen, auf den Col de Wettstein und Le Hohneck, auf den Col de la Schlucht, auf Le Tanet.

Interdit – danger explosifs heißt es auf Schildern im undurchdringlichen Gestrüpp abseits der ausgewiesenen Wege. Mag sein, dass hier nicht nur jede Menge Stacheldraht, sondern auch Explosives lauert. In der ehemaligen *zone rouge* des Schlachtfelds von Verdun jedenfalls gehen noch heute zuweilen – damals im Schlamm gelandete – Blindgänger hoch, gefährden Hobbyarchäologen sich und andere. Dennoch: Die Vogesen galten, so schrecklich manch einer der Grabenkämpfe gewesen sein mochte, nicht als aktive Front. Das schrecklichste Ringen fand woanders statt. Hier wurde der Krieg nicht entschieden.

Vielleicht deshalb vermag der Ort etwas zu vermitteln von der sonst so schwer begreiflichen „Poesie" des Krieges, von der Soldaten berichten. Es ist eine Poesie der Paradoxe: Man teilt mit dem Feind die frische Bergluft, den Zauber und den Schrecken des ersten Schneefalls und das kontemplative Ausharren vor einer Kulisse, die in manch einem Soldaten das Gefühl verstärkt haben mochte, nur ein Tropfen zu sein im Ozean, nur ein Rädchen in einer unbegreiflichen Maschinerie.

Diese Poesie – und der weiße Schnee – liegt auch über dem nicht weit entfernten deutschen Soldatenfriedhof. Unter bemoosten Kiefern schwarze Kreuze: 2438 Soldaten ruhen hier, einige schon 1914, andere 1917, die Mehrzahl im Sommer 1915 gestorben. Am 1. August 1915 fiel Saly Thannhäuser, Landsturmmann, an den kein Kreuz erinnert, sondern ein Stein, versehen mit dem Davidstern – gefallen fürs Deutsche Reich. Nicht aller Soldaten wird namentlich gedacht, wie es der Brauch ist seit Menschengedenken, nicht erst seit den alten Griechen, die im Falle ihres Todes in der Schlacht nur eines beanspruchten: mit dem Namen, eingraviert auf einer steinernen Stele, erinnert zu werden. In einem Massengrab für 942 Soldaten liegen 542, von denen man nicht weiß, wer sie waren.

Auf dem Weg nach Munster lassen wir die Schneegrenze hinter uns, und der Himmel öffnet sich wieder. Aus den Schornsteinen steigt weißer Rauch. Beim Mahnmal, auf dem der zivilen und militärischen Opfer des Ersten und Zweiten Weltkriegs gedacht wird, fällt auf, wieviel weniger

Hohrod (Foto), Vieil Armand, Guebwiller, Ammerschwihr, Niederbronn: Auf den Soldatenfriedhöfen im Elsass ruhen Tausende von Opfern beider Weltkriege

Opfer auf französischer Seite im Vergleich mit dem Ersten der Zweite Weltkrieg gekostet hat.

Nicht hinzugezählt: die, die in den Bergen weiter nördlich gestorben sind, hier, beim Dörfchen Natzwiller, an einem Ort, der unter Struthof bekannter ist. Es ist ein Ort des Schreckens – vor einer Kulisse der Grandiosität, die jeden Menschen sich klein fühlen lässt. War das Zynismus, ein böser Scherz? Denen, die hier gelitten haben, ist die Paradoxie durchaus aufgefallen: Hier, am Nordabhang des Felsens Louise, einst Lieblingspiste der Straßburger Skifahrer, mit Blick auf den majestätischen Donon, errichtete die SS ab September 1940 ein Konzentrationslager, gedacht für „Menschenmaterial", das den nahe gelegenen Steinbruch ausbeuten sollte.

Es regnet in Strömen, als wir Struthof besuchen, doch selbst die tief liegenden Wolken vermögen nicht das Panorama zu verdecken, auf das man blickt von diesem Ort aus. Auf das man damals jedenfalls hätte blicken können, sofern man nicht lieber zu Boden geschaut hat als Insasse des Konzentrationslagers, des einzigen Vernichtungslagers auf französischem Boden – vielleicht, um den Hinrichtungsplatz mit dem Galgen nicht zu sehen, nicht die Aufseher, die Hunde, die Wachttürme, nicht den Elektrozaun, nicht die Baracken, nicht den verfluchten Ort, an dem man Gefangene schlug, quälte oder zu medizinischen Experimenten missbrauchte.

Eine Schulklasse bricht laut schreiend aus einer der Baracken hervor, in der man sie unterrichtet hat über das, was an diesem Ort geschah. Haben sie genug von den Horrorgeschichten? Oder bleibt der Schrecken abstrakt, seine Aufbereitung geleitet von pädagogischen Interessen? Im Museum des KZ Struthof verfliegt die Intensität, mit der man hatte Empathie spüren können mit denen, die hier gefangen gehalten oder ermordet wurden, verspottet durch ihre Gefängniswärter und das grandiose Naturschauspiel um sie herum. Denn über die Einzelschicksale der Menschen, die im Lager Struthof arbeiteten, litten und starben, erfährt man viel zu wenig. Gewisslich sind sie nicht, wie es auf dem Gräberfeld heißt, allesamt fürs französische Vaterland gestorben.

Mit 300 deutschen Strafgefangenen wurde der KZ-Betrieb am 21. Mai 1941 aufgenommen. Im September 1944 soll das ursprünglich für 1500 Häftlinge gebaute Lager etwa 7000 Personen umfasst haben, die auf ihren Abtransport nach Dachau warteten. Russen waren nach Struthof verschleppt worden, Zigeuner, Juden – und französische Zwangsarbeiter, darunter auch 108 Angehörige der Resistance-Gruppe *Alliance*, die hier hingerichtet wurden.

Der Schrecken dauerte bis August 1944, dann wurde das Lager Struthof evakuiert, die Mehrzahl der Insassen erwartete indes nicht die Befreiung, sondern der Transport nach Dachau. Hernach wurde Struthof von den Alliierten als Umerziehungslager für Nazis und elsässische Kollaborateure eingesetzt. Wie viele Häftlinge hier starben, ist bis heute nicht bekannt.

Viele – in Deutschland wie in Frankreich – halten Europa für eine Erfindung der Politiker. Das ist es auch. Aber an diesen Orten des Elsass, wie an nicht vielen Orten, wird die Hoffnung spürbar, die sich auf ein Europa ohne Grenzen richtet.

Cora Stephan, *Dr. phil., ist Politikwissenschaftlerin und Publizistin (u. a. „Das Handwerk des Krieges"). Sie lebt in Frankfurt am Main.*
Wilfried Bauer *arbeitet als freier Fotograf in Hamburg.*

Kriegerischer Nachlass und Sinnbild einstiger Ängste vor dem Nachbarn: Maschinengewehr-Nest der Maginot-Linie bei Lembach

MERIAN EXTRA

MAGINOT-LINIE

Nach dem Politiker André Maginot benanntes Verteidigungssystem (Bauzeit 1929-36) entlang der französischen Grenze, bestehend aus 25 befestigten Abschnitten mit Panzerforts, kleineren Infanteriewerken sowie Hunderten von Einzelbunkern. Das Elsass durchziehen rund 200 km der insgesamt 700 km langen Linie

ZU BESICHTIGEN

Hunspach
SCHŒNENBOURG
Tgl. 14-16, So auch 9.30 bis 11 Uhr Festungswerk der Artillerie **F 3**

Lembach
LE FOUR À CHAUX
Südlicher Ortsrand; Mitte März - Ende April Führungen 10, 14, 15; Mai bis Ende Juni auch 16; Juli bis Sept. auch 11 u. 17 Uhr; Okt. - Mitte Nov. 10, 14, 15 Uhr; bis Mitte März an Wochenenden Artilleriefort; Mannschaftsräume, Verpflegungslager, Dokumente **E 2**

Marckolsheim
MÉMORIAL-MUSÉE DE LA LIGNE MAGINOT
1,5 km östl.; Mitte Juni bis Mitte Sept. tgl. 9 - 12 u. 14 bis 18, Mitte - Mitte Juni u. Mitte Sept. - Ende Okt. So und Feiertage Kasematte; im Freien Geschütze und Panzer **D 8**

Natzwiller
LE STRUTHOF
Tgl. 10 - 13 und 15 - 17 Uhr Einziges Vernichtungslager der deutschen Nationalsozialisten auf französischem Boden (1940 bis 1944) **C 6**

Orbey
MÉMORIAL DU LINGE
15. April - 1. Nov. 9 - 12.30 und 14 - 18 Uhr Schlachtfeld des Ersten Weltkriegs; im Museum Waffen, Uniformen **B 8**

Im Buchhandel erhältlich.

ISBN 3-7742-6508-9

ISBN 3-7742-6507-0

ISBN 3-7742-6506-2

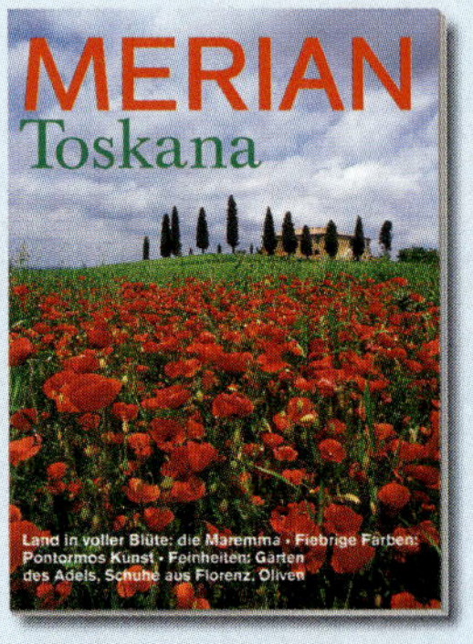

ISBN 3-7742-6505-4

ISBN 3-7742-6504-6

ISBN 3-7742-6503-8

ISBN 3-7742-6502-X

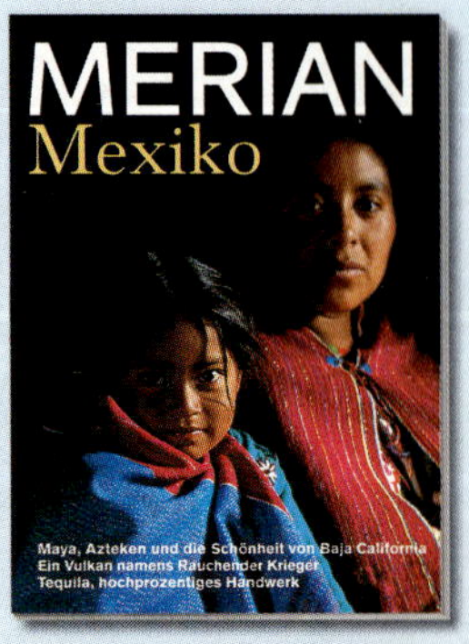

ISBN 3-7742-6501-1

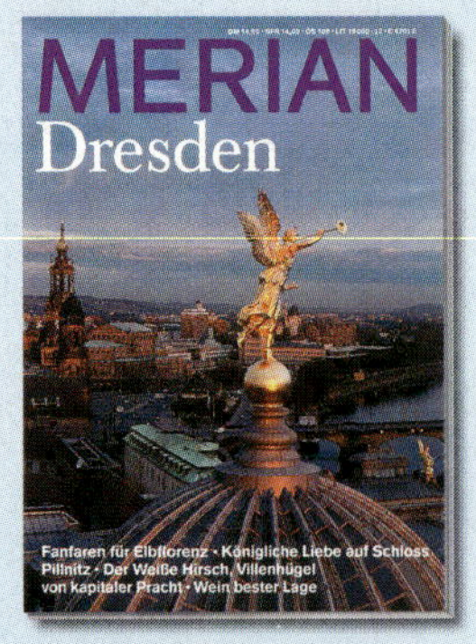

ISBN 3-7742-9912-9

ISBN 3-7742-9911-0

ISBN 3-7742-9910-2

ISBN 3-7742-9909-9

ISBN 3-7742-9908-0

ISBN 3-7742-9907-2

ISBN 3-7742-9906-4

ISBN 3-7742-9905-6

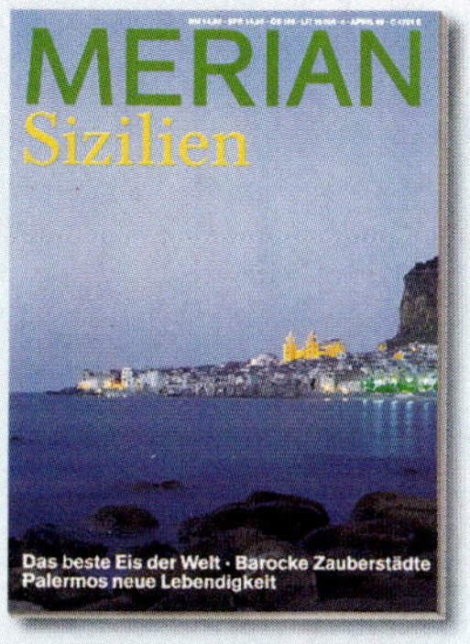

ISBN 3-7742-9904-8

ISBN 3-7742-9903-X

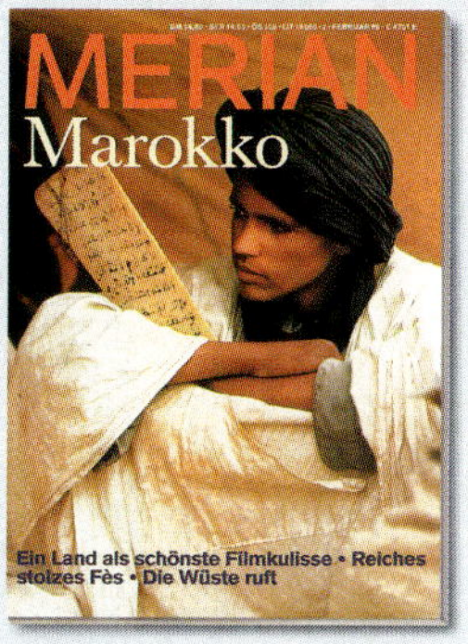

ISBN 3-7742-9902-1

ISBN 3-7742-9901-3

ISBN 3-7742-9812-2

ISBN 3-7742-9811-4

ISBN 3-7742-9810-6

ISBN 3-7742-9809-2

ISBN 3-7742-9808-4

ISBN 3-7742-9807-6

ISBN 3-7742-9806-8

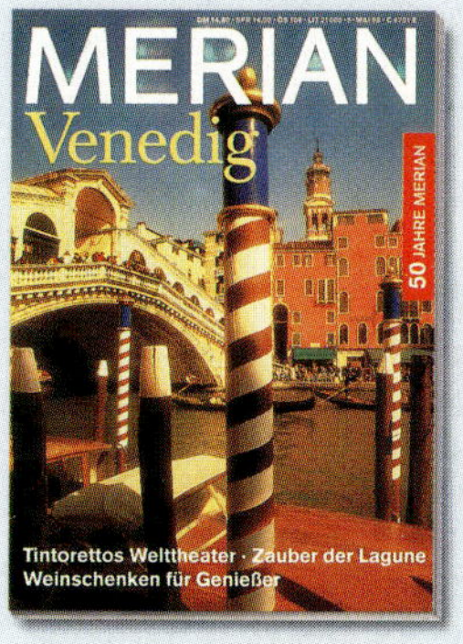

ISBN 3-7742-9805-X

MERIAN

Die Lust am Reisen.

Kesse Löckchen zwischen elegant geschwungenen Hörnern: les belles des Vosges, die Schönen der Vogesen

In den Höhenlagen der Vogesen laden Berggasthöfe mit ihrem rustikalen Charme zum Verweilen ein. Kühe mit schwarzweiß gefleckten Gesichtern sind deren Stars

Rendezvous mit einer robusten Venus

Text: Hermann Sülberg, Fotos: Wilfried Bauer

Von Frühling bis Herbst läuten Kühe hier die Glocken

Betörend der Blick dieser schönen Vogeserin. Unter langen Wimpern und eingerahmt von schwarzem Lidstrich spiegelt sich in ihren dunklen Augen ihre Welt: geschwungene Hügel und tiefe Täler, darin Flecken schindelroter Dächer, überragt von spitzen Kirchtürmen, darüber grüne Almwiesen, düstere Wälder, geduckte Heuschober, Wandersleute und anders Reisende vor blumengeschmückten Bauerngasthöfen.

Ein Gedicht, dieses Gesicht, sommersprossig schwarz getüpfelt, aufmerksam abstehende Ohren, die breite Schnauze sanft und warm, kess gerollte Löckchen zwischen den elegant geschwungenen Hörnern. Und welch eine Wohlgestalt! Der helle Streifen auf Hals und Rücken bis zum runden Hinterteil betont die anthrazit marmorierten Flanken, die Beine stämmig und der Gang doch graziös, das Euter eher klein und prall – sie ist fürwahr die Schönste im ganzen Land,

Inbegriff von Anmut und Liebreiz, die Venus der Vogesen. Ohne sie wäre alles ganz anders im Berg-und-Wald-und-

Die Bergweiden der Hochvogesen erstrecken sich über eine Fläche von rund 4500 Hektar. In der Bildmitte: die Ferme-Auberge Kahlenwasen am Petit Ballon

Wiesen-Elsass, Welten entfernt von den Weindörfern im Tal mit ihren Gourmet-Tempeln und Winzerstuben. Hier weiß die Kuh am besten, was eine gute Lage ist, und den Besucher erwarten völlende Vespern. Wer Angst um seine Pfunde hat, dem bleibt hier der deftige Bissen im Hals stecken – was wirklich schade ist, denn er schmeckt so urwüchsig wie sich die Landschaft darbietet.

Hier scheiden sich die Geschmäcker wie das Wetter. Durch seine Nord-Süd-Ausrichtung ist das Hochmassiv der südlichen Vogesen eine Barriere für alle von Westen kommenden Winde. Kaum eine regenschwere Wolke schafft es unberührt und nicht wenigstens halb entleert über die Route des Crêtes zwischen dem Bergsee Lac Blanc und dem Talstädtchen Cernay – berühmt ist diese Kammstraße für die nahezu unendliche Fernsicht, berüchtigt für die alles vernebelnden Wolken. 2000 Millimeter Niederschläge gehen alljährlich oben nieder, während für die windabgeschiedene Seite gen Colmar nur noch ein Viertel davon abfällt – was den Weinen wohl bekommt. Auch den Kühen soll reichlich Regen recht sein, sprießen doch die Almwiesen gerade deshalb so saftig.

Wer vom höchsten Gipfel der Vogesen, dem 1424 Meter hohen Grand Ballon, übers weite Land schaut, vermutet Natur und sieht Kultur. Selbst die Almen rund um diesen Großen Belchen – die manchem Betrachter als Idealbild der Ursprünglichkeit erscheinen mögen – sind pure Geschichte, gestaltet von den Mäulern, geschrieben mit den Hufen der Kühe. Nicht Herrschaften prägten das Land, sondern Knechte hackten es um. Sie vertrieben die ihnen schädlichen und züchteten nützliche Tiere, säten aus und pflanzten ein, förderten oder behinderten Wachstum. Es gab keine „Umwelt“, man lebte noch mittendrin, unberührte Natur war nutzlos, wenn sich nicht wenigstens das Vieh dort satt fressen konnte. Wind und Wetter, Versuch und Irrtum bestimmten über Erfolg oder Misserfolg. Dabei

Die Gästezimmer von Kahlenwasen spiegeln ländliche Wohnkultur in den Vogesen wider. Die Ferme-Auberge gibt es seit 1925

Rhabarber-Kuchen ist in Kahlenwasen eine Köstlichkeit

verschmolz in Jahrtausenden uralte Naturlandschaft und frühe Bauernkultur zur Kulturlandschaft.

Hoch droben, in mehr als 1000 Metern Höhe, wo wenig mehr als kümmerwüchsige Buchen und Heidelbeeren gedeihen, werden nur noch Kühe satt – wenigstens zur Sommerszeit. Einige der Bergweiden sind bereits seit 6000 Jahren genutzt, doch die meisten mussten erst angelegt werden. Die Bauern und ihr Vieh schufen ein Landschaftsbild – und erhalten es bis heute –, das die Menschen der Antike einen *locus amoenus* nannten, den „lieblichen Ort", über dem laue Lüfte wehen, den ein Bachlauf durchquert, wo Bäume Schatten spenden, auf denen Vöglein zwitschernd zur Rast einladen, die köstlich zu werden verspricht.

Die Almenlandschaft der Hochvogesen entspreche – in den Köpfen wie in den Fluren – sogar ziemlich genau der „idealen Landschaft", meinen Soziobiologen, die sich mit dem Wechselspiel zwischen Mensch und Umwelt befassen. Sie gleiche der halb offenen, von lichten Baumgruppen an erquickenden Gewässern belebten und von friedlich grasenden Tieren beseelten afrikanischen Savanne, in welcher *Homo sapiens* 99 Prozent seiner Evolution hinter sich gebracht habe, was in seinen Genen nicht spurlos geblieben sei, also heute noch in jedem humanen Gemüt nachwirke. Der Anblick eines solch idyllischen Lebensraumes wirke erholsam, schwäche Angst wie Aggression ab – kein Wunder also, dass das Oberelsass im 19. Jahrhundert zum Ausflugsziel avancierte. 1872 wurden der Vogesenclub gegründet und eine Vielzahl von Wanderwegen angelegt und ausgeschildert – und es gibt kaum einen, der nicht wenigstens zu einer Ferme-Auberge führt, viele leiten von einer zur anderen. Der Weg ist das Ziel – schön und gut. Aber der Weg fällt leichter mit einem solchen Ziel vor Augen.

Die Ferme-Auberge Buchwald an den Hängen des Petit Ballon bietet eine – je nach Wetter – grandiose Aussicht auf das Münstertal und die Stadt Colmar. Und ein Gespräch mit dem Wirt, von seinen Gästen aufmerksam lauschend umringt. Jean Wehrey ist ein gewichtiger Mann,

Schöne Aussichten in Kahlenwasen: Blick auf Berge und nostalgische Gardinen im Abendwind

Wanderers Ruh: Viele Routen führen von einer Ferme-Auberge zur nächsten

Begrüßung auf Ziegenart: die Einzigen, die hier meckern

seit 25 Jahren Präsident der Vereinigung der oberelsässischen Bergbauerngasthöfe und weiß bestens über die Geschichte der Fermes-Auberges Bescheid. Er holt die kräftigen Hände aus den Taschen seiner blauen Latzhose und erzählt, engagiert gestikulierend, vom einst drohenden Untergang des Lebens auf der hohen Alm.

1950 gab es 120 Bauernwirtschaften. Aber dann wurde ein Automobil für viele Leute erschwinglich, und nur noch wenige wollten laufen, es gab keine guten Straßen, oft nicht einmal befahrbare Waldwege, viele Gasthöfe hatten auch keinen elektrischen Strom – da wollte zu Wirtschaftswunderzeiten kaum noch einer hin. Weil außerdem der Münsterkäse inzwischen auch in Fabriken produziert wurde – aus pasteurisierter Milch, eine schlechtere Variante, versteht sich –, waren 1971 gerade mal 30 Bergbauern übrig geblieben. Also war es höchste Zeit, einen Verein zu gründen, politischen Druck zu machen, damit Straßen gebaut und die Elektrifizierung vorangetrieben wurde. Aber ohne *la belle des Vosges* wäre all dies vergebliche Liebesmüh geblieben.

Mit blitzendem Blick schwärmt der grauhaarige Mann von der schönen Vogeserin. Sie ist eine alte Schwedin, kam während des Dreißigjährigen Krieges, also in der ersten Hälfte des 17. Jahrhunderts, als wandelndes Soldatenfutter hierher – die Krieger zogen wieder ab, die Kuh blieb. Sie erwies sich als ideale Rasse für die Hochvogesen: Wind und Wetter können ihr wenig anhaben, sie ist eine gute Wanderin auch in schwierigem Gelände, verwertet das dort wachsende und oft etwas grobe Futter ganz hervorragend, liefert schmackhaftes Fleisch, gibt zwar nicht besonders viel, aber genau die richtige Milch zur Käseherstellung. Außerdem kalben die rundum robusten Kühe problemlos – der teure Veterinär kann im Tal bleiben.

In den siebziger Jahren wäre *la race bovine vosgienne* fast auf dem Altar des Fortschritts geschlachtet und durch allerlei hochgezüchtete Turborassen mit höherer Milchleistung ersetzt worden. Von den 125 000 Exemplaren der Vogesenrasse zu Anfang des Jahrhunderts waren gerade mal 3000 übrig geblieben. Jean Wehrey wurde ihr vehementester Fürsprecher, heute gibt es fast wieder 10 000 dieser Kühe mit den schwarzweiß gefleckten Köpfen. Und mit ihnen haben sich auch die Bergbauern erholt.

65 Fermes-Auberges sind Mitglied der Vereinigung, alle sind sie – wie der Name verspricht – gleichzeitig Bauernhof und Gaststätte. 20 von ihnen bieten zur Nacht auch ein Dach überm Kopf, die meisten in Schlafsälen, einige auch in Zweibettzimmern. Und alle haben sie sich einem Ehrenkodex unterworfen, der vom Empfang der Gäste – „einfach, natürlich und herzlich" – über die Einrichtung des Speisesaals – „authentisch und einladend im regionalen Stil" – bis zu den angebotenen Mahlzeiten – „in der Tradition der elsässichen Küche" – alles regelt. Die Wirtsleute verpflichten sich sogar, „Fragen zur Landwirtschaft und zum Tourismus zu beantworten". François Valentin tut fast nichts lieber als das. Sein Großvater bewirtschaftete bereits 1925 am Col d'Oderen die Ferme-Auberge de Felzach, aus massiven Granitblöcken wie für die Ewigkeit gebaut.

Damals nannte sich noch kein Mensch Tourist, und dennoch kamen viele, die meisten aus den Dörfern im Thurtal, aber auch aus den Städten Belfort, Mulhouse und Colmar oder mit der Eisenbahn aus Straßburg. Einige sammelten kübelweise Heidelbeeren, andere waren bereits der schieren Wanderlust verfallen oder wollten der Sommerhitze in der Oberrheinischen Tiefebene entkommen, manche flohen bereits vor den Folgen der industriellen Revolution. Bäuerliches Leben und städtische Sehnsucht nach gepflegter Na-

Gehäkelte Vögel wachen über den tiefen Schlaf des Wanderers

Ewig plätschert der Bach: In den Wäldern der Vogesen ist Natur eine reine Freude

tur passten zusammen. Was dem einen arbeitsreiche Basis für ein karges Leben, war dem anderen attraktive Kulisse der Erholung. Zivilisationsgeschädigte Flachländler können angesichts einer schmatzenden Milchkuh, eines windschiefen Heuschobers, eines dampfenden Misthaufens in schiere Verzückung geraten. Und überall bimmeln dazu fröhlich die Kuhglocken – bis heute.

Nach anstrengender Tour lassen sich Sommerfrischler und Wanderfreunde – heute auch Mountainbiker und Motorradfahrer – hungrig und durstig auf der Terrasse nieder, genießen die spektakuläre Aussicht und bestellen *le repas marcaire*, die Malkermahlzeit. Seit dem 9. Jahrhundert werden Bauern, die in den Hochvogesen Milchvieh halten und Käse herstellen, auf elsässerisch Malker genannt, woraus das französische *marcaire* wurde. Nach und nach bauten sie Ställe fürs Vieh und kleine Hütten für sich – die *marcairies*. Daraus entstanden im 19. Jahrhundert schließlich die Fermes-Auberges – allein deshalb, weil immer mehr Ausgehungerte an ihre Türe klopften. Von einem Malkermenü werden alle satt. Nach der *tourte* – einer zentimeterdicken Lage Hackfleisch zwischen Blätterteig – wird geräucherter Schweinenacken mit einer deftigen Portion *roïgebrageldi* aufgetischt, das sind zwei bis drei Stunden mit Butter, Speck und Zwiebeln gebratene Kartoffelscheiben. Nach einem mächtigen Stück Münster folgt ein Heidelbeerkuchen und/oder le *siesskas*, ein frischer Käse vom Morgen desselben Tages, mit Crème fraîche und einem Schuss Kirschwasser verdeftigt – wer danach noch Papp sagen kann, hat seinen Teller nicht leer gegessen und erntet einen charmant vorwurfsvollen Blick von Madeleine Valentin – ein Narr, wer sich von Frau Wirtin nicht ein Stück Münsterkäse mit auf den Weg geben lässt.

Irische Mönche, im 7. Jahrhundert ins Elsass gekommen, die Bauern zu missionieren, sollen ihn erfunden haben, um die schnell verderbliche Milch zu konservieren. *Le Munster fermier* wird nur aus der unbehandelten Milch der Vogesenkühe hergestellt. Drei Wochen reifen die kleinen Pfund-Laibe – etwa 15 Zentimeter im Durchmesser und zwei bis drei Zentimeter dick –, sie werden täglich mit Salzwasser abgewaschen. Das *bacterium linens* ist für die goldbraune Rinde verantwortlich, unter der sich ein cremiger, gelblich heller Weichkäse mit salzig-säuerlichem Aroma verbirgt. Er stinke höllisch und munde ganz himmlisch, behaupten die einen. Er rieche deutsch, aber schmecke französisch, meinen andere, was vermutlich dasselbe bedeuten soll. Beides ist übertrieben, er duftet deftig und schmeckt prima kräftig.

Ohne diesen kleinen Käse sähe hier alles ganz anders aus, meint Bauer Valentin strahlend, zeigt mit ausgestreckter Hand übers saftige Land und auf die gut gelaunt speisenden Leute auf seiner Terrasse, von Frau Madeleine freundlich lächelnd bedient. Die Vogesenkühe wären nicht hier, die Hochweiden voll verwilderten Gestrüpps, die vertraute Gebirgslandschaft, der „liebliche Ort" verschwunden. Alle Fermes-Auberges würden verfallen, die Wandersleute müssten – lächelt der Mann verschmitzt – jämmerlich darben, wenn nicht gar verhungern, würden nimmermehr wiederkommen. Und er und seine Familie auch nicht, sie könnten hier weder mit den Vogesen-Besuchern noch mit den *vosgiennes* alleine überleben. Seine zwei Dutzend Kühe geben die Milch – jede durchschnittlich 4000 Liter pro Jahr –, er und alle anderen Bergbauern machen Münsterkäse daraus, gemeinsam 700 Tonnen jährlich, wird geschätzt. Meist nehmen die Gäste noch eine Portion mit nach Hause.

Alles ist untrennbar miteinander verknüpft, Kuh und Käse, Almlandschaft und Bergbauern, Gastwirtschaften und Besucher. Fehlt auch nur ein Glied in dieser Runde, gerät das ökologisch-ökonomische Gleichgewicht aus der Balance. Und nichts davon bleibt, was es ist – und die Venus der Vogesen wäre nur noch ein Fabelwesen in wehmütiger Erinnerung.

Hermann Sülberg *ist freier Reporter und Buchautor. Er lebt in Hamburg.*

Rund, aromareich und handverlesen: Rohmilchkäse von der Alm Christlesgut

Berg und Tal: Wanderer können von den Hochvogesen weit in die Rheinebene schauen, über Weinlagen hinweg bis zur Kammlinie des Schwarzwalds

MERIAN TIPP VOGESEN UND FERMES-AUBERGES

ERKUNDUNGEN

Die Hochvogesen lassen sich auf vielerlei Art entdecken, mit Auto oder Motorrad, mit Fahrrad oder Gleitfallschirm, am intensivsten natürlich zu Fuß. Es gibt eine Vielzahl gut beschilderter Wege unterschiedlicher Längen und Schwierigkeitsgrade. Eine Wanderkarte – an fast jeder Straßenecke erhältlich – ist besonders empfehlenswert:
Carte No. 6/8, Colmar/Munster / Hohneck / Gérardmer / Les Ballons des Vosges, im Maßstab 1 : 50 000, Club Vosgien, 62 FF

Auskunft
FÉDÉRATION DU CLUB VOSGIEN
16, Rue Ste-Hélène, Straßburg, Tel. 03 88 32 57 96, Fax 03 88 22 04 72

ROUTE DES CRÊTES

Diese Vogesenkammstraße ist an den Wochenenden besonders stark befahren, und es lohnt sich, auf kleinere, für Busse oft zu enge Seitenstraßen auszuweichen – so ist zum Beispiel die Gegend um den Petit Ballon oberhalb der Vallée de Munster entschieden weniger bevölkert. Fast alle der kleinen Bergstraßen sind gut asphaltiert; die vielen Serpentinen sind besonders für Motorradfahrer ein Traum. Die Route des Crêtes lässt sich auf bequeme Weise in beliebigen Abschnitten zwischen Col du Calvaire im Norden und Grand Ballon im Süden auch erwandern: Ein zwischen Ende Mai und Ende September von 10 bis 18 Uhr stündlich verkehrender und zudem kostenloser Shuttlebus hält an 15 Stationen entlang der Kammstraße. Informationen über diesen Pendelverkehr, *La navette des crêtes*, erteilt die Verwaltung des Naturparks in Munster. Darüber hinaus kann der Besucher hier viel über die Natur und Kultur der Hochvogesen erfahren:

Auskunft
PARC NATUREL RÉGIONAL DES BALLONS DES VOSGES
1, Cours de l'Abbaye, Munster, Telefon 03 89 77 90 34, E-mail: info@parc-ballons-vosges.fr **B 9**

FERMES-AUBERGES

Alle Fermes-Auberges servieren kräftige Speisen und erfrischende Getränke, Biere und elsässische Weine. Ein reichhaltiges Malkermenü kostet etwa 90 bis 120 FF, es sind aber auch kleinere Speisen und Brotzeiten zu haben. 20 der 65 Bauerngasthöfe bieten Betten an, manche in Doppelzimmern, die meisten stehen doppelstöckig in Schlafsälen. Manchmal gibt es separate Kochmöglichkeiten. In Preis und Leistung sind die Unterschiede gering, das Frühstück ist eher minimal. Betten in Schlafsälen kosten etwa 60 - 75 FF, in Doppelzimmern rund 120 FF, mit Halbpension um 180 FF (Vorbestellung ist empfehlenswert). In allen Fermes-Auberges gibt es Wegzehrung, auch für daheim, vor allem den Munster zu ca. 30 FF für den Pfundlaib

Auskunft
ASSOCIATION DES FERMES-AUBERGES DU HAUT-RHIN
1, Rue Schlumberger, Colmar, B. P. 371, Telefon 03 89 20 10 68, Fax 03 89 23 33 91 **C 8**

TISCH & BETT

Breitenbach
BUCHWALD (1050 m)
Tel. 03 89 77 37 08, außerhalb der Saison Tel. 03 89 77 54 37, tgl. 15. Mai - 15. Okt., an Wochenenden ab Ostern - Mitte Nov. Malkermahlzeit, Käsequiche, Schinken; zum Verkauf: Munster, Bergkäse, Butter. Die Besichtigung der Käserei ist nach Voranmeldung möglich **B 9**

CHRISTLESGUT (850 m)
Tel. 03 89 77 51 11, außerhalb der Saison Tel. 03 89 77 53 56, tgl. 1. Mai - 1. Nov., 38 Betten in Gästezimmern Auf Vorbestellung: Malkermahlzeit, Baeckeoffe, Sauerkraut; zum Verkauf: Käse, Honig, Konfitüren; Besichtigung der Käserei

Fellering
FELZACH (1100 m)
Tel. 03 89 82 77 71, außerhalb der Saison Tel. 03 89 82 78 38, tgl. 1. Mai - 5. Nov., 2 Schlafsäle mit 8 und 10 Plätzen Angenehm schlichte Gaststube; Malkermahlzeit, Fleischeintopf, Sauerkraut auf Vorbestellung; zum Verkauf: Munster, Gruyère, Butter, Bauernspeck **A/B 10**

Gérardmer
BREITZHOUSEN (1254 m)
Tel. 03 29 63 22 92, tgl. außer Dez., 3 Schlafsäle für max. 40 Personen Direkt an der Route des Crêtes, perfekt durchgestylt, wird regelmäßig von Reisebussen angefahren; Munster-Fondue, Bergbauernteller, Weißkäse mit Kirsch, Malkermahlzeit auf Vorbestellung; zum Verkauf: Munster, Bergkäse; Besichtigung der Käserei **A 8/9**

Luttenbach
KAHLENWASEN (1150 m)
Tel. 03 89 77 32 49, außerhalb der Saison Tel. 03 89 77 68 33, tgl. außer Mi Ostern - 15. Nov., 11 Zi. für 2 - 4 Personen Ferme-Auberge seit 1925, die Wirtsstube blieb so schön authentisch wie die geräumigen Gästezimmer (nur die Matratzen könnten etwas neuer und vor allem härter sein) – und über dem stillen Örtchen nisten zwitschernd die Schwalben; Malkermahlzeit, Spezialitäten auf Vorbestellung, Imbiss; zum Verkauf: Munster, Bergkäse; Besichtigung der Käserei **B 9**

Wasserbourg
STROHBERG (1100 m)
Tel. 03 89 77 56 00, außerhalb der Saison Tel. 03 89 71 13 28, tgl. Mitte Mai - Mitte Okt., an Wochenenden ab Ostern - Mitte Nov. Auch unter Einheimischen sehr beliebt. Deshalb ergeben sich häufig herzliche Kontakte zu Elsässern. Auf den Tisch kommen Kalbsbraten, geschmorter Schinken, Tafelspitz. Malkermahlzeit auf Vorbestellung; zum Verkauf: Munster, Bergkäse **B 9**

WASSMATT (850 m)
Tel. 03 89 77 25 55, tgl. 1. März - 1. Dez., Platz für 25 Personen Rustikaler als in dieser Gaststube bei flackerndem Kerzenlicht unter läutenden Kuhglocken geht's nicht; Käse, Gerichte für den kleinen Hunger, Wild, hausgemachter Kuchen, Malkermahlzeit auf Vorbestellung; zum Verkauf: Munster, Bergkäse

UNTERKUNFTSVERZEICHNIS

Le Guide des Fermes-Auberges, Hautes-Vosges Alsace, Association des Fermes-Auberges, Colmar, 1999, 66 FF

Der Ferme-Auberge-Führer, Rombach, Freiburg, 1999, 18,90 DM Alle oberelsässischen Bergbauerngasthöfe werden ausführlich und mit Foto sowie genauer Wegbeschreibung vorgestellt

Wein und Wintersport, Fachwerk und Foie gras, Karpfen, Käse und Confiserie, Kohl und Kathedralen: Das Elsass lädt ein zu gallischem Genuss und gotischen Highlights. Ein Wegweiser zu einer Region voller Überraschungen, für Gourmets, Wanderer und Kunstfreunde

LANDESDATEN UND GESCHICHTE

Fläche *. . . . . 8280 km²*
Einwohner *. . . . . 1,6 Mio. (16. Rang unter den 22 französischen Regionen)*
Verwaltung: *Département Bas-Rhin (Unterelsass, Verwaltungszentrum: Straßburg) und Haut-Rhin (Oberelsass, Verwaltungszentrum: Colmar); die Grenze zwischen beiden verläuft etwas südlich von Sélestat*
Größte Stadt:
Straßburg . . . . 250 000 Ew.
Großraum . . . . 400 000 Ew.
Höchste Erhebung: *Le Grand Ballon (Großer Belchen, 1424 m)*
Naturparks: *Parc Naturel Régional des Vosges du Nord (Nordvogesen) und Parc Naturel Régional des Ballons des Vosges*
Wirtschaft: *Automobil-Industrie, Chemie, Textil-Industrie, Landwirtschaft, Nahrungsmittel-Industrie, Weinbau, Brauereien (mehr als 40% der französischen Biere),*
Handel und Handwerk:
Arbeitslosigkeit . . . . 6,5 %
(Frankreich: . . . . 11,1 %)
Fremdenverkehr:
Touristen jährlich . . . . 5,3 Mio.

1000 v. Chr. *Besiedlung durch die Kelten (Errichtung der Heidenmauer am Odilienberg)*
58 v. Chr. *Julius Caesar erobert das Elsass*
12 v. Chr. *Die Römer gründen Argentoratum, das spätere Straßburg*
3. Jh. *Römer führen Weinbau ein. Erste Invasionen der Alemannen*
7./8. Jh. *Herzogtum Elsass im Frankenreich. Erste Klostergründungen*
803 *Mülhausen erstmals urkundlich erwähnt*
842 *Bündnisvertrag der „Straßburger Eide" zwischen den Königen Ludwig dem Deutschen und Karl dem Kahlen: erstes Dokument in den Umgangsprachen beider Völker, Althochdeutsch und Altfranzösisch*
952 *Das Elsass wird Teil des Herzogtums Schwaben. Die Äbtissin des Odilienklosters, Herrad von Landsberg, verfasst mit dem „Hortus Deliciarum" ein Handbuch des geistlichen und weltlichen Wissens ihrer Zeit*
1354 *Zusammenschluss der zehn elsässischen Reichsstädte Haguenau, Colmar, Munster, Mulhouse, Kaysersberg, Rosheim, Obernai, Sélestat, Turckheim und Wissembourg zur „Dekapolis", dem Zehnstädtebund zum gegenseitigen Beistand*
1434-44 *Johannes Gutenberg als Buchdrucker in Straßburg tätig*
16. Jh. *Im Elsass breitet sich die Reformation aus. Straßburg und Sélestat werden Hochburgen des Humanismus*
1621 *Gründung der Universität Straßburg*
1648 *Nach dem Westfälischen Frieden gerät das Elsass zunehmend unter französische Herrschaft.*
1681 *annektiert Ludwig XIV. auch Straßburg*
18. Jh. *Nach der Französischen Revolution von 1789 wird das Elsass in die französische Nation aufgenommen; 1798 wird Mülhausen (Mulhouse) französisch*
1870-71 *Deutsch-Französischer Krieg. Paris muss das Elsass und den Norden Lothringens abtreten*
1919 *Durch den Vertrag von Versailles kommt Elsass-Lothringen an Frankreich zurück*
1940-44 *Im Zweiten Weltkrieg besetzen die Deutschen das Elsass. Viele Elsässer werden zur Wehrmacht zwangsrekrutiert. Der Struthof wird als Konzentrationslager errichtet*
1944 *Französische und amerikanische Truppen befreien das Elsass, zuletzt Colmar (Anfang 1945)*
1945 *Das Elsass wird wieder französisch*
1949 *Gründung des Europarats in Straßburg*
1958 *Das Europäische Parlament der EWG/EG erhält seinen Sitz in Straßburg*
1979 *Das zum ersten Mal in direkter Wahl bestimmte Europäische Parlament nimmt in Straßburg seine Arbeit auf*
1992 *Der Führungsstab des Eurokorps mit 55 000 Soldaten aus fünf europäischen Ländern wird in Straßburg angesiedelt*
1995 *Kommunalwahlen. Die rechtsextreme Partei Front National erhält bis zu 29% der Stimmen*
Dezember 1999 *Staatspräsident Jacques Chirac weiht in Straßburg das neue Sitzungsgebäude des Europaparlaments ein*

AUSKUNFT

MAISON DE LA FRANCE (FRANZÖSISCHES FREMDENVERKEHRSAMT)

Deutschland
D-60325 Frankfurt, Westendstr. 47, Telefon (01 90) 57 00 25, Fax (01 90) 59 90 61

Österreich
A-1040 Wien, Argentinierstr. 41a, Tel. (01) 503 28 90, Fax (01) 503 28 71

Schweiz
CH-1201 Genf, 2, Rue Thalberg, Tel. (022) 909 89 77, Fax (022) 909 89 71

CH-8023 Zürich, Löwenstraße 59, Postfach 7226, Telefon (01) 211 30 85, Fax (01) 212 16 44

Elsass
OFFICE DU TOURISME DU BAS-RHIN
67000 Strasbourg, 9, Rue du Dôme, Tel. 03 88 15 45 88, Fax 03 88 75 67 64, E-mail: adt-promo@sdv.fr

OFFICE DU TOURISME DU HAUT-RHIN
68006 Colmar, 1, Rue Schlumberger, Tel. 03 89 20 10 68, Fax 03 89 23 33 91, Internet: http://www.tourisme68.asso.fr, E-mail: adt@rmcnet.fr

OFFICE DU TOURISME MULHOUSE
9, Av. du Maréchal Foch, Telefon 03 89 35 48 48, Fax 03 89 45 66 16

OFFICE DU TOURISME STRASBOURG
17, Place de la Cathédrale, Telefon 03 88 52 28 28, Fax 03 88 52 28 29, Internet: www.strasbourg.com

TELEFON

Vorwahl:
Frankreich 00 33
Deutschland 00 49
Österreich 00 43
Schweiz 00 41

Stand: Juli 2000. Zur raschen Orientierung wird auf die Planquadrate der großen MERIAN-Karte hingewiesen

Straßburgs Paradestück im Spiegel der Ill: La Petite France, das ehemalige Gerberviertel

Münztelefone gibt es kaum noch. Für die meisten öffentlichen Telefonzellen sind Karten erforderlich (50 Einheiten: 49 FF, 120 Einheiten: 98 FF). Sie sind in Tabakgeschäften und Postämtern erhältlich.

NOTRUFE

Notarzt 15
Polizei 17
Feuerwehr 18

REISEINFORMATIONEN

Anreise mit dem Auto: Über die Autobahn Karlsruhe – Basel (A 5). Rheinbrücken u. a. bei Iffezheim, Breisach und Neuenburg. In der elsässischen Rheinebene verbindet die A 35 (Höchstgeschwindigkeit: 130 km/h) Lauterbourg, Straßburg, Colmar und Mulhouse (ohne Gebühr).
Mit dem Flugzeug: Tägliche Verbindungen von Düsseldorf, München und Leipzig nach Straßburg-Entzheim (Tel. 03 88 64 67 67; Flughafen 15 km vom Stadtzentrum); von Berlin, Dresden, Düsseldorf, Frankfurt, Friedrichshafen, Hamburg, Hannover, München, Nürnberg, Rostock und Wien nach Basel-Mulhouse (Tel. 03 89 90 31 11, Flughafen 35 km von Stadtmitte Mulhouse).
Mit der Bahn: Direktverbindungen u. a. von Frankfurt, München, Stuttgart. Ansonsten sind Karlsruhe und Offenburg wichtige Umsteig-Stationen. Im Elsass verbindet der Express-Zug TER Straßburg, Colmar und Mulhouse (50 Min. Fahrt). Auskunft: Tel. 08 36 35 35 35.

Klima, Reisezeit: Relativ mildes Klima in der Rheinebene, in den Vogesen um einige Grade frischer. Häufige Regenfälle im Frühjahr, im Juli/August sind 30 Grad Hitze und Schwüle nicht ausgeschlossen. Frühjahr und Herbst sind ideal für Vogesen-Wanderungen. Während der Weinlese locken viele Feste, im Dezember Weihnachtsmärkte, in den Vogesen Wintersportmöglichkeiten.
Geld: Der Französische Franc (FF) ist eine Euro-Währung und hat damit einen festen Kurs. 100 FF entsprechen 29,80 DM. Der FF ist in 100 Centimes (c) unterteilt. Es gibt Münzen zu 1/2, 1, 2, 5, 10 FF und 5, 10, 20 c sowie Scheine im Wert von 20, 50, 100, 200 und 500 FF. Kreditkarten werden überall akzeptiert. Die (geringe) Gebühr für den Umtausch von Bargeld wird in den Banken ausgehängt. Die meisten Geldautomaten nehmen auch deutsche EC-Karten an. Die Gebühr beim Geldumtausch mit Karte am Automaten ist häufig niedriger als beim Umtausch von Bargeld. 1 Euro entspricht 6,50 FF.
Gesundheit: Die meisten Krankenversicherungen aus EU-Ländern werden anerkannt. Ärzte und Apotheken mit Nacht- und Wochenenddienst werden in der Lokalpresse veröffentlicht.
Öffnungszeiten: Einzelhandelsgeschäfte Mo - Sa 9 - 12 und 14 - 19, Einkaufszentren und Supermärkte meistens 9 - 19 oder 20, Sa bis 18 Uhr; kleine Läden haben am Montagvormittag, teilweise auch am Mittwochnachmittag geschlossen. Banken: in der Regel Mo - Fr 9 - 12 und 14 bis 16; Postämter: Mo - Fr 9 - 19, Sa bis 12 Uhr.
Trinkgeld: In den Restaurants sind 10 % üblich. Mit einem *pourboire* rechnen auch Taxifahrer, Gepäckträger, Zimmermädchen und Museumsführer.
Presse: Größte Tageszeitung der Region ist die in Straßburg erscheinende *Dernières Nouvelles d'Alsace* (DNA, Auflage: 220 000 Exemplare). Unter der Rubrik *Aujourd'hui* sind Notrufnummern, diensthabende Ärzte und Apotheken sowie Veranstaltungen, Termine und Programme für Theater, Konzerte und Ausstellungen aufgeführt. Die zweitgrößte Tageszeitung ist *L'Alsace*, sie wird in Mulhouse verlegt (Auflage: 133 000 Exemplare). Beide Zeitungen gibt es auch in einer zweisprachigen Ausgabe, in der allerdings nur ausgewählte Artikel auf Deutsch erscheinen.

ÜBER NACHT

FERMES-AUBERGES
➤ s. Seite 125

GÎTES DE FRANCE
Zentrale: Paris, 59, Rue St-Lazare, Telefon 01 49 70 75 75 Rustikale Ferienunterkünfte; Verzeichnis für ganz Frankreich

LOGIS DE FRANCE
Paris, 83, Av. d'Italie, Tel. 01 45 84 70 00, Zentrale für Reservierung: Telefon 01 45 84 83 84, Internet: www.logis-de-france.fr Familiär; gelber Kamin auf grünem Grund als Logo; landesweites Verzeichnis

Cernay
HOSTELLERIE D'ALSACE
61, Rue Poincaré, Tel. 03 89 75 59 81, Fax 03 89 75 70 22, 11 Zi., DZ ab 260 FF Praktisch eingerichtete Zimmer; Restaurant (B 10)

Colmar
➤ s. Seite 85

Guebwiller
DE L'ANGE
4, Rue de la Gare, Tel. 03 89 76 22 11, Fax 03 89 76 50 08, 36 Zi., DZ ab 300 FF Modern ausgestattete Räume; Restaurant (B 10)

Haguenau
EUROPE
15, Av. du Professeur Leriche, Tel. 03 88 93 58 11, Fax 03 88 06 05 43, 82 Zimmer, DZ ab 340 FF Außerhalb des Zentrums gelegen, Swimmingpool, Restaurant (E 3)

Kutzenhausen
AUBERGE DE LA FERME DE FLECKENSTEIN
26, Rue de Soultz, Tel. 03 88 80 69 00, Fax 03 88 80 69 09, 7 Zi., DZ 350 FF Landhaus aus dem 16. Jahrhundert mit ruhigen Zimmern und gutem Restaurant (E/F 3)

Mulhouse
BÂLE
19, Passage Central, Telefon 03 89 46 19 87, Fax 03 89 66 07 06, 32 Zi., DZ ab 200 FF Zentrale Lage; einfache, jedoch komfortable Zimmer (C 11)

Munster
VERTE VALLÉE
10, Rue Alfred Hartmann, Telefon 03 89 77 15 15, Fax 03 89 77 17 40, 107 Zimmer, DZ ab 400 FF Sehr komfortabel; Sauna, Gourmet-Restaurant (B 9)

Obernai
LA DILIGENCE
Pl. de la Mairie, Tel. 03 88 95 55 69, Fax 03 88 95 42 46, E-mail: hotel.la.diligence@wanadoo.fr, 40 Zi., DZ ab 350 FF Zentral; gepflegter elsässischer Stil mit bequemen Zimmern (D 6)

Ostwald
CHÂTEAU DE L'ILE
(12 km südl. von Straßburg) 4, Quai Heydt, Telefon 03 88 66 85 00, Fax 03 88 36 85 49, 58 Zi., DZ 1200 FF Ehemaliges Lustschloss am Waldrand; Schwimmbad, Weinstube und Restaurant (E 5)

Saverne
CHEZ JEAN
3, Rue de la Gare, Tel. 03 88 91 10 19, Fax 03 88 91 27 45, 23 Zi., DZ ab 450 FF Zentral gelegen; geschmackvoll eingerichtete Zimmer; Sauna, Solarium, Restaurant und Weinstube (C 4)

Schirmeck
NEUHAUSER
Ortsteil Les Quelles, Telefon 03 88 97 06 81, Fax 03 99 97 06 81, 14 Zimmer, DZ 330 FF Schöne Waldlage; Schwimmbad (C 6)

Sélestat
ABBAYE DE LA POMMERAIE
8, Avenue Maréchal Foch, Telefon 03 88 92 07 84, Fax 03 88 92 08 71, 10

Von Adlern, Affen und Adebars

KINTZHEIM: EIN PARK FÜR TIERE

Adler, Geier und Kondore drehen hoch über der Schlossruine von Kintzheim ihre Runden. Nicht weit davon turnen rund 300 Berberaffen aus Marokko durch die Baumkronen, und an diesem Ort sind es die Menschen, die auf eingezäunten Wegen bleiben müssen. Und im Storchenpark von Kintzheim werden die Symbolvögel der Region, die hier in den sechziger Jahren vom Aussterben bedroht waren, gezüchtet und gepäppelt; der Bestand ist mittlerweile wieder auf mehrere 100 Paare angewachsen. *Montagne des Singes* (Affenberg): April - Oktober tgl. 10 - 12 und 13 - 17, Juli - August 10 - 18 Uhr; *Parc des Cigognes* (Storchenpark): April - September tgl. 10 - 19 Uhr; *Volerie des Aigles* (Adlergehege): April - Oktober tgl. 14 - 16, Juli - Aug. auch 10 - 11 Uhr (C 7)

Zimmer, DZ 1000 FF Efeuumrankte Luxusherberge in einer früheren Abtei; Restaurant mit erlesenen Speisen (D 7)

Straßburg
BEAUCOUR-BAUMANN
5, Rue des Bouchers, Telefon 03 88 76 72 00, Fax 03 88 76 72 60, E-mail: beaucour@pandemonium.fr, 49 Zi., DZ ab 800 FF Bau aus dem 17. Jh., zentrale Lage, modernster Komfort (E 5)

GUTENBERG
31, Rue des Serruriers, Telefon 03 88 32 17 15, Fax 03 88 75 76 67, 42 Zi., DZ 460 FF Elsässisches Haus beim Münster

HANNONG
15, Rue du 22 Novembre, Telefon 03 88 32 16 22 und Fax 03 88 22 63 87, E-mail: resa@hotel-hannong.com, 72 Zi., DZ ab 450 FF, 2.- 10. Jan. geschl. Bequem-elegantes Ambiente, zentrale Lage

IBIS
Schiltigheim; 6, Av. Pierre Mendès-France, Telefon 03 88 81 24 44, Fax 03 88 62 18 55, 120 Zi., DZ ab 360 FF Gutes Preis-Leistungsverhältnis; in Straßburg gibt es noch sechs weitere Hotels dieser Kette einfacher Kategorie

REGENT PETITE FRANCE
5, R. des Moulins, Tel. 03 88 76 43 53, Fax 03 88 76 43 76, 72 Zi., DZ ab 1200 FF Luxushotel in einer alten Eisfabrik am Ill-Kanal

La Wantzenau
AU MOULIN
(12 km nördlich von Straßburg); 2-3 Impasse du Moulin, Telefon 03 88 59 22 22, Fax 03 88 59 22 00, 20 Zi., DZ 450 FF, 24.Dez.- 2.Jan. geschl. Ehemalige Mühle mit geräumigen Zimmern und gepflegtem Restaurant (E 5)

Wissembourg
DE LA WALCK
2, R. de la Walck, Tel. 03 88 94 06 44, Fax 03 88 54 38 03, 25 Zi., DZ 340 FF Alte Mühle; komfortable Zimmer, gutes Restaurant mit Terrasse (F 2)

RESTAURANTS

Fermes-Auberges
➤ s. Seite 125

Karpfen-Spezialitäten
➤ s. Seite 74

Altkirch
AUBERGE SUNDGOVIENNE
Route de Belfort, Tel. 03 89 40 97 18, tgl. außer Mo und Di mittags, Menu ab 160 FF Schweizer Gasthaus-Stil; schmackhafte Gerichte (B 12)

Ammerschwihr
AUX ARMES DE FRANCE
1, Grand'Rue, Tel. 03 89 47 10 12, tgl. außer Mi und Do, Menü ab 380 FF Klassische französische Küche, beeindruckende Weinkarte (C 8)

Andlau
AU BŒUF ROUGE
6, Rue du Docteur Stoltz, Telefon 03 88 08 96 26, tgl. außer Mi und Do, 3 Wo Juni/Juli u. 2 Wo Jan., Menü etwa 160 FF Ausgewählte elsässische Gerichte (C/D 6)

Barr
LA COURONNE
4, Rue des Boulangers, Telefon 03 88 85 32 22, tgl. außer So und Mo, 2 Wo Juli/August, 1 Wo Jan., Menü rund 190 FF Fisch-, Fleisch- und Wildgerichte nach traditioneller Art; ausgewählte Weine der Region (D 6)

Colmar
➤ s. Seite 85

Diefmatten
AUBERGE DU CHEVAL BLANC
17, R. de Hecken, Tel. 03 89 26 91 08, tgl. außer Mo u. Di abends, Menü um 250 FF Getrüffeltes, mit Gänseleber belegtes Rebhuhn, Fasanenbrust, gute Weine (B 11)

Gambsheim
LA FORGE
13, Rue des Serruriers, Telefon 03 88 96 42 62, tgl. außer Mo, Di, 3 Wo Juli, Menü ab 105 FF Ehemalige Schmiede mit alten Arbeitsgeräten; Elsässer Gerichte (F 4)

Gundershoffen
AU CIGNE
35, Grand'Rue, Tel. 03 88 72 96 43, tgl. außer Mo, Do und So abends, Menü um 350 FF Schönes Fachwerkhaus; ein Stern im Michelin: regionale Spezialitäten, Jakobsmuscheln (E 3)

Haguenau
BARBEROUSSE
8, Pl. Barberousse, Tel. 03 88 73 31 09, tgl. außer So, Mo, Di, 2 Wo Aug., Menü ab 80 FF Gut schmeckende Hausmannskost; freundliche Bedienung (E 3/4)

AU TIGRE
4, Place d'Armes, Tel. 03 88 93 93 79, tgl., Menü um 130 FF Meeresfrüchte, Sauerkraut

Illhaeusern
➤ s. Seite 102

Kaysersberg
LE CHÂTEAU
38, Rue du Général-de-Gaulle, Tel. 03 89 78 24 33, tgl. außer Mi, Do, 4 Wo Feb./März, 1 Wo Juli, Menü ab 90 FF Rustikal, herzhafte Kost wie Coq au Riesling, gute Weine (C 8)

Lembach
AUBERGE DU CHEVAL BLANC
4, Rte. de Wissembourg, Telefon 03 88 94 41 86, tgl. außer Mo, Di, 18 Tage im Juli, 18 Tage im Feb., Menü ab 190 FF Einstige Poststation; zwei Sterne im Michelin: Foie gras mit Portweingelee, Kalbshaxe mit Orangen, Austern im Kohlblatt, feine Wildgerichte (E 2)

Marlenheim
LE CERF
30, Rue du Général-de-Gaulle, Tel. 03 88 87 73 73, tgl. außer Di und Mi, Menü ab 300 FF Zwei Sterne im Michelin: Baeckeoffe, Schneckenfrikassee, gebratene Taube mit jungem Gemüse (D 5)

Mulhouse
AUBERGE DES FRANCISCAINS
46, Rue des Franciscains, Telefon 03 89 45 32 77, tgl. außer So, Di, 15. August- 3. September, Menü ab 70 FF Typisch elsässisches Restaurant; abwechslungsreiche, preisgünstige Weinkarte (C 11)

GAMBRINUS
6, Rue des Franciscains, Telefon 03 89 66 18 65, tgl., Menü ab 60 FF Gemütliche Taverne; viele Biersorten, einfache Regionalgerichte

Munster
LA CIGOGNE
4, Pl. du Marché, Tel. 03 89 77 32 27, tgl. außer Do, Jan., Menü ab 125 FF Modernes Restaurant mit traditionellen Gerichten. Ein Tipp: Lachs auf Sauerkraut (B 9)

Obernai
LA HALLE AUX BLÉS
Place du Marché, Tel. 03 88 95 56 09, tgl., Menü ab 60 FF Ehem. Kornlager (16. Jh.) mit bäuerlichen Antiquitäten; Speisen der Gegend (D 6)

Osthouse
À L'AIGLE D'OR
14, Rue de Gerstheim, Telefon 03 88 98 06 82, tgl. außer Mo abends u. Di, Menü um 200 FF Choucroute royale, Presskopf, Baeckeoffe, Lachs, spektakuläre Weinkarte (D/E 6)

Saverne
TAVERNE KATZ
80, Grand'Rue, Tel. 03 88 71 16 56, tgl. außer Di, Menü ab 95 FF Prächtigstes Fachwerkhaus der Stadt mit altelsässischer Einrichtung; Sauerkraut in vielen Variationen, Presskopfsülze, zarte Schweinszüngle (C 4)

Sélestat
À LA VIEILLE TOUR
8, Rue de la Jauge, Tel. 03 88 92 15 02, tgl. außer Mo, 2 Wo im Feb., 2 Wo im

DORFIDYLL MIT DRECHSLER

Die Umgebung – Abraumhalden und verfallende Gebäude einer ehemaligen Kaligrube – wirkt nicht übermäßig einladend, und doch ist ein Besuch im 1980 gegründeten *Ecomusée d'Alsace* bei Ungersheim, einem der bedeutendsten Freilichtmuseen Frankreichs, durchaus zu empfehlen. Vor allem für Familien: In 70 traditionellen elsässischen Häusern aus verschiedenen Regionen und Jahrhunderten werden Landwirtschaft vergangener Jahrzehnte und heute fast schon vergessene Handwerkstechniken von „Bewohnern" in passenden Kostümen demonstriert. Haustiere dürfen gestreichelt, dem Bäcker beim Brotbacken und dem Drechsler an der Werkbank zugeschaut werden. Zu den Prachtstücken des Museumsdorfs gehört ein Hallenkarussell aus dem frühen 20. Jahrhundert. Tgl. 10 - 18 Uhr (C 10)

Handwerkliche Traditionen: Ecomusée d'Alsace bei Ungersh

Juli, Menü ab 90 FF Kleine, aber feine Speisekarte; gepflegtes Fachwerk-Ambiente (D 7)

Straßburg
➤ **s. Rückseite Faltkarte**

Stutzheim
LE MARONNIER
(11 km nordwestl. von Straßburg); 18, Rte. de Saverne, Tel. 03 88 69 84 30, tgl., Menü ab 100 FF Besonders schönes elsässisches Landhaus; gute Auswahl an Regionalgerichten (D 5)

Vendenheim
CE CHER HANS
(14 km nördl. von Straßburg); 10, Rte. de Brumath, Tel. 03 88 69 43 69, tgl. außer Di, Menü ab 120 FF Tarte flambée, Bibbeleskaes, Fleischgerichte (E 4/5)

Wissembourg
L'ESCARGOT
40, Rue Nationale, Tel. 03 88 94 90 29, tgl. außer So, Menü ab 80 FF Sauerkraut, Baeckeoffe und andere regionale Spezialitäten (F 2)

WEINSTUBEN

In einer *Winstub* gab es ursprünglich nur Wein. Heute sind Weinstuben mehr oder weniger rustikale Speiselokale mit einfachen Gerichten. Ausgeschenkt werden vor allem Weine der Region.

Andlau
LE CAVEAU DU VAL D'ELEON
19, Rue du Docteur-Stoltz, Telefon 03 88 08 93 23, tgl. außer So, Mo, 23. Jan. bis 7. Feb., Menü ab 100 FF Altes Winzerhaus mit kleiner, feiner Speisekarte (C/D 6)

Bergheim
WINSTUB DU SOMMELIER
51, Grand'Rue, Tel. 03 89 73 69 99, tgl. außer Di, Mi, Feb., Gerichte ab 70 FF Umfangreiche Weinkarte (C 8)

Colmar
➤ **s. Seite 85**

Dambach-la-Ville
CAVEAU NARTZ
12, Pl. du Marché, Tel. 03 88 92 41 11, tgl. Juli - 15. Sept., April - Nov. nur Sa, So., Dez. - März geschl., Gerichte ab 70 FF Weine aus eigenem Anbau (C/D 7)

Eguisheim
LE CAVEAU D'EGUISHEIM
3, Pl. du Château, Tel, 03 89 41 08 89, tgl. außer Mi und Do mittags, 4 Wo im Jan./Feb., Gerichte ab 70 FF Sauerkraut, Zwiebelkuchen, Munster-Käse (C 9)

Guebwiller
LA TAVERNE DU VIGNERON
7, Pl. St-Léger, Tel. 03 89 76 81 89, tgl. außer Mo und 3 Wo im Feb., Gericht ab 50 FF Einfache Speisen (B 10)

Haguenau
S' BUEREHIESEL
13, Rue Meyer, Telefon 03 88 93 30 90, tgl. außer So und Mo, Gericht ab 60 FF Treffpunkt der Einheimischen (E 3/4)

Mulhouse
HENRIETTE
9, Rue Henriette, Tel. 03 89 46 27 83, tgl. außer So, Gericht ab 60 FF Stadtbekannt und beliebt (C 11)

Niedermorschwihr
CAVEAU MORAKOPF
7, Rue des Trois Épis, Telefon 03 89 27 05 10, täglich außer So. Außer Juli - Sept. nur Abendessen, Gericht ab 60 FF Köstliche Fleischpasteten (C 8)

Obernai
REGINA
46, Rue du Général Gouraud, Tel. 03 88 95 53 77, tgl. außer Mo, Mi, 1 Wo im Feb., Menü ab 60 FF Gute Auswahl elsässischer Spezialitäten (D 6)

Ribeauvillé
ZUM PFIFFERHUS
14, Grand'Rue, Tel. 03 89 73 62 28, tgl. außer Mi, Do, Feb., 3. - 13. Juli, Menü ab 80 FF 600 Jahre altes Haus; Regionalküche (C 8)

Riquewihr
AU TIRE-BOUCHON
29, Rue du Général-de-Gaulle, Tel. 03 89 47 91 61, tgl., Gericht ab 75 FF Seit dem 17. Jh.; Kartoffelauflauf mit Munster-Käse! (C 8)

Saverne
S' ROSTIEBEL
3, R. de la Gare (Hotel Chez Jean), Telefon 03 88 91 10 19, Juli/Sept. tgl., sonst außer So und Mo, 20. Dez. bis 10. Jan., Gericht ab 80 FF Nieren und Sauerkrautgerichte (C 4)

Sélestat
AU BON PICHET
10, Place du Marché-aux-Choux, Tel. 03 88 82 96 65, tgl. außer So und Mo, Menü ab 80 FF Gänseleber, Schnecken, Nieren (D 7)

Straßburg
➤ **s. Rückseite Faltkarte**

Thann
CAVEAU DE L'ENGELBOURG
10, Rue du Général-de-Gaulle, Tel. 03 89 37 20 21, tgl. außer Di, Gericht ab 80 FF Fisch- und Wildgerichte (B 10)

Turckheim
CAVEAU DU VIGNERON
5, Grand'Rue, Tel. 03 89 27 06 85, tgl. außer Mo nur abends, 24. Dez. - 3. Jan., Gericht ab 70 FF Sauerkraut- und Fleischgerichte (C 8)

CAFÉS

Altkirch
LA GRIOTTE
13, Rue Charles-de-Gaulle Fantasievolle, hausgemachte Kuchen (B 12)

Colmar
➤ **s. Seite 85**

Guebwiller
CHRISTMANN
8, Pl. de l'Hôtel-de-Ville Kuchenkreationen wie Kunstwerke (B 10)

MERIAN

ZUM WEITEREMPFEHLEN

Für den neuen Abonnenten: 12 Ausgaben von Europas großem Reisemagazin zum Vorteilspreis von 149,40 DM statt 177,60 DM im Jahr (28,20 DM gespart).

Und für Sie: eine Prämie Ihrer Wahl.

MERIAN PRÄMIEN-KARTE

UNSERE PRÄMIE FÜR SIE: MAGLITE – DAS ORIGINAL AUS DEN USA.

Silber · Blau · Rot · Schwarz · Grün

Sie können unter 5 Farben wählen.

MERIAN

ZUM ABONNIEREN

Holen Sie sich die Welt ins Haus!

Sie erhalten das MERIAN-Abonnement zum Vorteilspreis von 149,40 DM statt 177,60 DM (für 12 Ausgaben frei Haus)

Und dazu den MERIAN-Sammelordner und zwei Hefte Ihrer Wahl.

MERIAN GESCHENK-/ABO-KARTE

UNSER DANKESCHÖN FÜR SIE: DER MERIAN-SAMMELORDNER UND ZWEI MERIAN-HEFTE IHRER WAHL.

Der Acryl-Ordner bietet Platz für einen kompletten Jahrgang. Starten Sie gleich Ihre Sammlung mit zwei Wunschausgaben, die Sie sich **auf den Seiten 96 / 97 aussuchen** können.

DER FEINSCHMECKER WEIN Gourmet

DAS INTERNATIONALE WEIN MAGAZIN

ZUM VERSCHENKEN ODER ABONNIEREN

WEIN Gourmet ist das neue Magazin von DER FEINSCHMECKER, Deutschlands führender Zeitschrift für kulinarische Lebensart. Namhafte Autoren und Winzer berichten über feine Tropfen und aktuelle Trends aus der Welt des Weins. Jede Ausgabe mit großem Reise-Special und einer Fülle von Tipps und Adressen.

DER FEINSCHMECKER WEIN Gourmet – DAS INTERNATIONALE WEIN MAGAZIN – GESCHENK-/ABO-KARTE

DER FEINSCHMECKER WEIN Gourmet ZUM VERSCHENKEN ODER ABONNIEREN.

Unser Dankeschön für Sie: ein 1997er Riesling der Lage „Clos Hauserer" – einer der besten Weißweine aus dem Elsass.

Ich bekomme folgende Prämie für die Vermittlung des Abonnenten:
☐ **die MAGLITE in der Farbe** ______
☐ **die 3 Kräutertöpfe mit dem Rösle-Wiegemesser**

Name des Prämienempfängers Vorname

Straße / Nr. PLZ / Ort

Ich bestelle MERIAN für mindestens ein Jahr im Abonnement zum Vorzugspreis von DM 149,40 pro Jahr (12 Ausgaben) frei Haus:

Name des neuen Abonnenten Vorname

Straße / Nr. PLZ / Ort

Gewünschte Zahlungsweise bitte ankreuzen: ☐ bequem und bargeldlos per Bankeinzug

Bankleitzahl Kontonummer

Geldinstitut

☐ Gegen Rechnung. Ich warte ab, bis Sie mir die Rechnung schicken.

Datum / 1. Unterschrift

Vertrauensgarantie: Die Bestellung wird erst wirksam, wenn sie nicht binnen zwei Wochen schriftlich beim MERIAN-Leserservice, Postfach 60 12 20, 22212 Hamburg, widerrufen wird. Zur Wahrung der Frist genügt die rechtzeitige Absendung des Widerrufs. Dieses Angebot gilt nur in der Bundesrepublik Deutschland und solange der Vorrat reicht. Die Kenntnisnahme dieser Hinweise bestätige ich durch meine zweite Unterschrift:

2. Unterschrift ME 9/00 · 796 / 797

Das Porto bezahlen wir für Sie

Antwort

MERIAN
Leserservice
Postfach 60 12 20

22212 Hamburg

☐ **Ich möchte MERIAN abonnieren: 12 Hefte im Jahr für DM 149,40**

Name / Vorname

Straße / Nr. PLZ / Ort

Als Dankeschön bekomme ich, den Sammelordner und die beiden Hefte:

1. Heft ______ **2. Heft** ______

Gewünschte Zahlungsweise bitte ankreuzen:
☐ bequem und bargeldlos per Bankeinzug

Bankleitzahl Kontonummer

Geldinstitut

☐ Gegen Rechnung. Ich warte ab, bis Sie mir die Rechnung schicken.

Datum / Unterschrift

Vertrauensgarantie: Die Bestellung wird erst wirksam, wenn sie nicht binnen zwei Wochen schriftlich beim MERIAN-Leserservice widerrufen wird. Zur Wahrung der Frist genügt die rechtzeitige Absendung des Widerrufs. Das Dankeschön kann ich auch dann behalten. Das Angebot gilt nur in der Bundesrepublik Deutschland und solange der Vorrat reicht. Dies bestätige ich mit meiner zweiten Unterschrift:

2. Unterschrift ME 9/00 · 798

Das Porto bezahlen wir für Sie

Antwort

MERIAN
Leserservice
Postfach 60 12 20

22212 Hamburg

☐ **Ich möchte WEIN Gourmet selbst abonnieren: 4 Hefte im Jahr für DM 51,20**
☐ **Ich möchte WEIN Gourmet für 1 Jahr verschenken. Senden Sie bitte die nächsten 4 Hefte für DM 51,20 an folgende Adresse:**

Name / Vorname des Abo-Empfängers

Straße / Nr. PLZ / Ort

Die Rechnung und der Wein gehen an mich:

Name / Vorname des Rechnungs-Empfängers

Straße / Nr. PLZ / Ort

Gewünschte Zahlungsweise bitte ankreuzen: ☐ bequem und bargeldlos per Bankeinzug

Bankleitzahl Kontonummer

Geldinstitut

☐ Gegen Rechnung. Ich warte ab, bis Sie mir die Rechnung schicken.

Datum / Unterschrift

Vertrauensgarantie: Die Bestellung wird erst wirksam, wenn sie nicht binnen zwei Wochen schriftlich beim WEIN Gourmet-Leserservice widerrufen wird. Zur Wahrung der Frist genügt die rechtzeitige Absendung des Widerrufs. Das Dankeschön kann ich auch dann behalten. Das Angebot gilt nur in der Bundesrepublik Deutschland und solange der Vorrat reicht. Dies bestätige ich mit meiner zweiten Unterschrift:

2. Unterschrift ME 9/00 · 19235/19236

Das Porto bezahlen wir für Sie

Antwort

WEIN Gourmet
Leserservice
Postfach 60 12 20

22212 Hamburg

DIE VORTEILE, WENN SIE MERIAN ABONNIEREN

1. DER PREISVORTEIL

Sie erhalten 12 Hefte zum Vorzugspreis von DM 149,40 statt DM 177,60 und sparen DM 28,20. Das sind 15 %!

2. DER LIEFERVORTEIL

Jeden Monat bekommen Sie MERIAN pünktlich frei Haus. Die Kosten für Verpackung und Porto übernehmen wir.

3. DIE RESERVIERUNG

Von jedem neuen MERIAN ist ein Exemplar für Sie reserviert, auch wenn die Ausgabe sonst vergriffen sein sollte.

4. DIE VERTRAUENS-GARANTIE

Eine Bestellung wird erst wirksam, wenn sie nicht binnen zwei Wochen schriftlich beim MERIAN-Leserservice, Postfach 60 12 20, 22212 Hamburg, widerrufen wird. Zur Wahrung der Frist genügt die rechtzeitige Absendung des Widerrufs.

Selbstverständlich können Sie Ihr MERIAN-Abonnement jederzeit per Fax 040 / 27 17 20 79 oder telefonisch über unsere Abo-Hotline bestellen. Wählen Sie 0180 / 5 110 110. (24 Pf/Min.)

(Aus dem Ausland bitte Rufnummer für Deutschland vorwählen)

MERIAN-Straßenkarte
ELSASS
Pirmasens
Landau
Bitche
Wissembourg
Haguenau
Saverne
Sarrebourg
Reichshoffen
Brumath
Rastatt
Baden-Baden
Bühl
Kehl
STRASBOURG (STRASSBURG)
Parc Naturel Régional des Vosges du Nord
Naturpark Pfälzer Wald
BAS-RHIN

Landmarke in der Rheinebene: das Münster von Straßburg

FILIGRAN IN SANDSTEIN

Wer sich Straßburg von Nordwesten nähert, auf der Nationalstraße von Saverne, fährt direkt auf den filigranen Turm des Münsters zu: Einsam und erhaben erhebt er sich über die Rheinebene, ohne ernsthafte Konkurrenz durch andere Hochbauten in der näheren Umgebung. Aus der Ferne ist dies sicherlich der schönste Blick auf die Kathedrale Notre-Dame.

Es gibt einen anderen wunderschönen Blick. Aber dazu muss man schon in der Stadt sein, an der Einmündung der Rue Mercière in die Place Gutenberg: Vor dem Betrachter steht die hoch strebende, stark gegliederte Westfassade aus fein geschnitztem roten Vogesensandstein. Das reich verzierte zentrale Portal und die gewaltige Rosette (Durchmesser: 13,5 m) fallen ins Auge, besonders bei Abendsonne, wenn der Sandstein noch intensivere Farben zeigt und die Ornamente noch deutlicher hervortreten.

Die von 1277-1318 erbaute Westfassade im reinsten gotischen Stil ist das Werk des genialen Erwin von Steinbach, der als eigentlicher Schöpfer des Münsters angesehen wird. Aber der Meister starb 1318 und konnte sein Werk nicht zu Ende bringen. Ohnehin waren während der Bauzeit vom 12. bis 15. Jahrhundert, von der romanischen bis zur spätgotischen Epoche, viele Steinmetze und Baumeister mit der Errichtung der Kathedrale beschäftigt. Sie kamen aus ganz Europa, aus Ulm, Köln oder Chartres – diese mittelalterlichen Facharbeiter kannten keine Grenzen und zogen von einer Münsterbaustelle zur anderen. Der 142 m hohe Nordturm wurde 1420-39 von dem Kölner Meister Johannes Hültz vollendet.

Jedes Jahr bewundern etwa drei Millionen Besucher das Gotteshaus, nach Notre-Dame in Paris die meistbesuchte Kirche Frankreichs. Das Gerüst, das seit Dezember 1999 den Nordturm umhüllt, wird voraussichtlich drei Jahre die Sicht auf das Steinwerk behindern. Der Sandstein ist durch Regen, Frost und Autoabgase spröde geworden. Man fand Splitter auf der Place de la Cathédrale und musste wegen der Verletzungsgefahr für Passanten rasch handeln. Es ist nicht der Sandstein aus dem Mittelalter, der bröckelt, sondern der neuere, mit dem die Kirche zu Beginn des 20. Jahrhunderts restauriert wurde.

Um den Umfang der erforderlichen Restaurierungsarbeiten festzustellen, umflogen Experten aus der Schweiz den Turm im Hubschrauber und machten dreidimensionale Aufnahmen. So konnte der Turm in einer Computersimulation genau unter die Lupe genommen werden. Pro Jahr stehen nun über 20 Millionen Francs für die Instandsetzung bereit. Die letzte, 1974 beendete Restaurierung des Turms hatte 19 Jahre gedauert.

Für einen Besuch des Innern der Kathedrale gibt es viele gute Gründe und zwei besondere Jahreszeiten.

Da ist zum Beispiel Andreas Silbermanns Orgel aus dem Jahr 1716; sie hat 40 Register und mehr als 2000 Pfeifen.

Oder die Astronomische Uhr, ein Wunderwerk mittelalterlicher Mechanik. Das Uhrwerk wird jede Woche aufgezogen und geht immer noch sehr genau. Weil es sich nach dem Straßburger Meridian richtet, wird die Mittagsstunde um 12.30 Uhr geschlagen, wobei viele Figuren in Bewegung gesetzt werden. Engel kippen eine Sanduhr um und schlagen eine Glocke. Die Planeten kreisen um die Sonne, der Tod schlägt mit seiner Sense und einem Knochen die Stunde. Von 1838 - 42 hat der Elsässer Uhrmacher und Mathematiker Johann Baptiste Schwilgué den größten Teil des Räderwerks erneuert. Er ersetzte das ptolemäische System durch das kopernikanische und stellte die Sonne statt der Erde in den Mittelpunkt des Universums.

Oder der Engelspfeiler, auch Pfeiler des Jüngsten Gerichts genannt. Er stammt von einem unbekannten Meister aus dem 13. Jh. Die Statuen, die ihn schmücken, gehören zu den schönsten Werken mittelalterlicher Bildhauerei. Dargestellt sind die Evangelisten Matthäus, Johannes, Markus und Lukas. Ganz oben thront Christus, von drei Engeln umgeben. Bei näherer Betrachtung des Pfeilers erkennt man, dass die Statuen nicht nachträglich angebracht, sondern aus dem Steinblock der Säule herausgemeißelt wurden.

Zweimal im Jahr, zur Tag- und Nachtgleiche am Frühlings-

Monumentales Beispiel gotischer Baukunst: Westfront des Münsters mit prächtiger Rosette

La Cathédrale Notre-Dame (Münster)

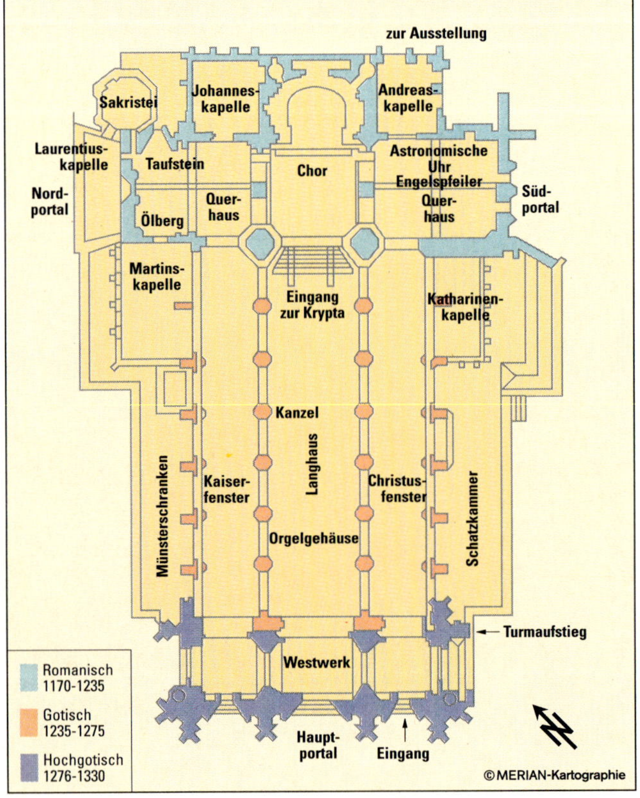

Gotischer Blickfang in Wissembourg: die Kirche St-Pierre-et-St-Paul

Wasselonne (5000 Ew., 220 m) Nördlichste Stadt der elsässischen Weinstraße, Uhrturm im Zentrum, in der Kirche Silbermannorgel aus der Mitte des 18. Jh. (C/D 5)

Wissembourg (7400 Ew., 160 m) Der mittelalterliche Stadtkern wird dominiert von der gotischen Kirche St-Pierre-et-St-Paul; sehenswert sind auch das Rathaus (18. Jh.), das an der Lauter gelegene Salzhaus (1450 als Spital erbaut) sowie das Bruchviertel mit Fachwerkhäusern aus dem 13./14. Jh. In Weißenburg schrieb der Mönch Otfried im 9. Jh. sein berühmtes Evangelienbuch, eine der bedeutendsten althochdeutschen Dichtungen (F 2)

BESONDERE ROUTEN

Route Romane
(ca. 170 km; Symbol: stilisierte Säulenbögen) Auf der Romanischen Route – von Wissembourg bis Feldbach im Sundgau – sind in 29 Ortschaften die schönsten romanischen Bauwerke aus dem 11. bis 13. Jh. zu besichtigen. Von Aug.-Okt. Musik aus dem Mittelalter in den schönsten Kirchen (Auskunft bei den Fremdenverkehrsämtern)

Route du Vin
(ca. 180 km; Symbol: Traube und Weinglas) Die Weinstraße ist die berühmteste aller Routen im Elsass. Sie zieht sich von Marlenheim bis Thann durch die 1 bis 5 km breite Weinbauregion zwischen Vogesen und Rheinebene. Als die schönsten Ortschaften gelten Obernai, Barr, Andlau, Ribeauvillé, Riquewihr, Kaysersberg, Eguisheim, Rouffach und Guebwiller. In den Sommermonaten und an Wochenenden muss der Besucher sich auf Hochbetrieb gefasst machen. Überall locken Winzerbetriebe und Probierkeller zum Verweilen, und es gibt kaum ein Dorf, in dem nicht ein Weinfest gefeiert wird

Route de la Carpe Frite
(ca. 140 km; Symbol: Karpfen und Gabel) Die Straße des gebackenen und gebratenen Karpfens verläuft zwischen Mulhouse, dem elsässischen Jura u. der Schweizer Grenze. Auf dieser Route lässt sich auch der Sundgau entdecken, in dem u. a. Karpfenzucht betrieben wird. Karpfen ist eine kulinarische Spezialität der Region (➤ s. Seite 74)

Route des Crêtes
(ca. 100 km) Die Vogesen-Kammstraße führt vom 949 m hohen Col du Bonhomme bis nach Cernay. Im Ersten Weltkrieg wurde sie als Militärstraße angelegt. Die Route gehört zu den landschaftlich eindrucksvollsten Strecken in den Vogesen mit faszinierenden Aussichten auf Gipfel, Seen und Hochalmen, u. a. vom Col de la Schlucht (1139 m), Markstein (1200 m) und der höchsten Erhebung, dem 1424 m hohen Grand Ballon (➤ s. S. 104 u. 116)

WINTERSPORT

Le Grand Ballon
(1424 m), 6 Pisten Alpinski, Skilifte, 30 km Langlaufloipen bis zum Markstein, Schnee-Tel. 03 89 41 34 76 (B 10)

La Bresse-Hohneck
(630 bis 1366 m), Pisten aller Schwierigkeitsgrade, Langlauf, Sessel- und Skilifte, Schnee-Telefon 03 29 25 47 02 (A/B 9)

Bussang
(600-1200 m), 30 km Langlaufloipen, Alpinski-Stationen und Skilifte, Schnee-Tel. 03 29 61 51 11 (A 10)

Champ du Feu
(93-1100 m), 24 km Langlaufloipen, Skilifte, Schnee-Tel. 03 88 97 30 14 (C 6)

Le Gaschney
(990-1280 m), 9 Pisten Alpinski, 22 km Langlaufloipen, Sessel u. Skilifte, Schnee-Tel. 03 89 41 34 76 (B 9)

Du Lac Blanc
(850-1230 m), 11 Pisten Alpinski, 40 km Langlaufloipen, Skilifte, Flutlicht, Schnee-Tel. 03 89 41 34 76 (B 8)

Le Markstein
(1260 m), 9 Pisten Alpinski, 30 km Langlaufloipen, Skilifte und Sprungschanze, Schnee-Tel. 03 89 41 34 76 (B 9)

Le Schnepfenried
(1030 bis 1254 m), 6 Pisten Alpinski, 20 km Langlaufloipen, Skilifte, Flutlicht, Schnee-Tel. 03 89 41 34 76 (B 9)

Le Tanet
(100-1280 m), 6 Pisten Alpinski, 16 km Langlaufloipen, Skilifte, Schnee-Tel. 03 89 41 34 76 (B 8)

Petra Klingbeil, *Autorin der „Tipps und Hinweise", ist Korrespondentin der* Deutschen Presse-Agentur *und des* Südwest-Rundfunks *in Straßburg.*

LITERATUR

Petra Klingbeil, MERIAN live! Elsass sowie **Straßburg, Gräfe und Unzer, 1999 bzw. 1998, 14,90 DM** Knapp und übersichtlich, u. a. Hotel- und Restaurant-Tipps, besondere Sehenswürdigkeiten. Ideal für die Reise

Baedeker Reiseführer Elsaß/Vogesen, 2000, 29,80 DM Viel Hintergrundinformation mit Fotos, Karten und Grundrissen

Anne Diekmann/ Tomi Ungerer, Das kleine Kinderliederbuch, Diogenes, 1979, 22,90 DM 51 Kinderlieder in Text und Noten, begleitet von Ungerer-Zeichnungen

Guide Bleu Alsace, Hachette, 1996, 198 FF Detaillierte Ausführungen zu Natur und Kultur mit Plänen; 207 hervorgehobene Einzelthemen; nur auf Französisch!

Claude Vigée, Bischweiler oder der Große Lebold, Das Arsenal, 1998, zwei Bände, zusammen 68 DM Autobiographische Erzählung von jüdischer Kindheit und Jugend im Elsass der zwanziger und dreißiger Jahre des 20. Jahrhunderts: heiter-finsteres Sittengemälde aus dem Kleinstadtleben in einem umstrittenen Grenzland

Karten: Strasbourg/Forbach (Nördl. Elsass) 1:100 000, TOP 100, 31,75 FF, St-Dié/Mulhouse/Bâle (Südliches Elsass) 1:100 000, TOP 100, 31,75 FF

VERMERK

Die Redaktion dankt Petra Klingbeil für ihre freundliche Unterstützung.

BILDNACHWEIS

Anordnung im Layout: o = oben, u = unten, r = rechts, l = links m= Mitte. Titel: Guido Cozzi/Atlantide; Titel Stadtplan: Gregor Lengler; S. 3 lo Tom Nagy, r Tina Hager; S .6 o Tina Hager, lm Wilfried Bauer, rm Gregor Lengler, u Ogando; S. 7 Archiv für Kunst und Geschichte; Seite 8 o Gert Wagner/Bilderberg, m Wilfried Bauer, u Frederic Vasseur/Stock Food; Seite 10 or Dario Soyer/ Musée de l' Impression sur Étoffes, m artur, u Bauer; S. 12 Tina Hager S. 14/15 bis 25, 29 Tina Hager, S. 27 Paul Schirnhofer/Focus; S. 32 Tomi Ungerer; Seite 36/37 bis 47 Ogando, S. 50/51 bis 58 Gregor Lengler; S. 64/65 bis 74 Christian Kaiser; S. 76, 78 o, 61, 82/83, 84, 85 Tina Hager, S. 77, 79, 80 Musee d'Unterlinden/ O. Zimmermann, S. 78 u AKG, Berlin; S. 86 bis 93 Gregor Lengler; S. 94 Tina Hager; S. 96/97 bis 102 Ogando; S. 104/105 bis 125 Wilfried Bauer; S. 126/127 Harf Zimmermann, S. 129 Tina Hager, S. 134 Ogando, S. 136 Wilfried Bauer; S. 137 Tina Hager; Seite 138 l Klaus-Dieter Francke/Bilderberg, ro Gerald Hänel/Garp, m Christoph Otto, lu Loukas Hapsis/ Hemispheres, ru BPK. **Karten:** Computerkartographie Huber, München.

IMPRESSUM

Gegründet 1948 im HOFFMANN UND CAMPE Verlag zu Hamburg

Herausgeber: Manfred Bissinger

Chefredakteur: Holger Schnitgerhans

Stellvertretende Chefredakteurin: Gesa Engelschall

Textchef: Otmar Jenner

Art Directorin: Andrea Hinrichs

Chef vom Dienst: Tibor M. Ridegh

Redakteure: Barbara Baumgartner, Siebo Heinken (techn. Koordination), Kathrin Sander, Helga Thiessen

Redakteurin dieses Heftes: Helga Thiessen

Redaktionsassistenz: Imke Edzard

Layout: Dorothee Schweizer (stellvertr. Art Directorin), Ingrid Koltermann, Cornelia Böhling, Katharina Holstein

Bildredaktion: Eva M. Ohms, Hanni Rapp

Karten und Schlussredaktion: Jasmin Wolf, Peter Münch

Verlagsleitung: Peter Rensmann

Objektleitung: Karsten Heyer

Herstellung: Heidrun Seven

Gesamt-Anzeigenleitung (verantw.): Roberto Sprengel

Anzeigenleitung: Christel Janssen

Anzeigenstruktur: Patricia Hoffnauer

Vertriebsleitung: Stefan Zastrutzki (Zeitschriftenhandel), Jan Wiesemann (Buchhandel)

MERIAN erscheint monatlich im JAHRESZEITEN-VERLAG GMBH, Poßmoorweg 5, 22301 Hamburg, Telefon 040/27 17-0, Fax 040/27 17-2056. Anschrift der Redaktion: Harvestehuder Weg 42, 20149 Hamburg, Postfach 13 04 44, 20139 Hamburg E-Mail: Redaktion@Merian.de · Telefon 040/ 4 41 88-0 · Telefax: 4 41 88-3 10 · Internet: www.merian.jalag.de · **Leserservice: Postfach 60 15 40, 22215 Hamburg, Telefon 01 80/5 11 01 10, Fax 0 40/27 17-20 79** · Gültige Anzeigenpreisliste: Nr. 37 · Das vorliegende Heft September 2000 ist die 9. Nummer des 53. Jahrgangs · Diese Zeitschrift und die einzelnen Beiträge und Abbildungen sind urheberrechtlich geschützt. Jede Verwertung außerhalb der engen Grenzen des Urheberrechtsgesetzes bedarf der Zustimmung des Verlages · Keine Haftung für unverlangt eingesandte Manuskripte und Fotos · Preis im Abonnement monatlich 12,45 DM inklusive Zustellung frei Haus · Der Bezugspreis enthält 7 % Mehrwertsteuer · Kündigungen 6 Wochen zum Ende des Bezugsquartals · Postgirokonto Hamburg 299453-202 (BLZ 200 100 20) · Vereins- u. Westbank AG, Hamburg, Konto-Nummer 2/16 739 (BLZ 200 300 00) · Führen in Lesemappen nur mit Genehmigung des Verlages · Printed in Germany · Litho: Alphabeta Druckformdienst GmbH, Hamburg. Druck und Verarbeitung: Christian Heckel GmbH, Nürnberg. **ISBN: 3-7742-6509-7**

MERIAN (USPS No. 011-458) is published monthly. The subscription price for the USA is $110 per annum. K.O.P.: German Language Publications, Inc., 153 South Dean Street, Englewood NJ 07631. Periodicals postage is paid at Englewood NJ 07631, and at additional mailing offices. Postmaster: send address changes to: MERIAN, German Language Publications, Inc., 153 South Dean Street, Englewood NJ 07631.

VORSCHAU KRETA

Kafeníon in Iráklion: Das griechische Kaffeehaus ist ein Männerclub

DIE THEMEN: Chaniá, die heimliche Hauptstadt • Wer war Zeus, der Europa nach Kreta entführte? • Das archaische Gesicht der Insel: die Weißen Berge • Mit dem Kaiki auf Fischfang • Lyra, Laute, alte Lieder: So feiern die Kreter • Auf dem südlichsten Vorposten des Kontinents: Naturparadies Gávdos • Sakrale Kunst: Ikonenmalerei

Wild und schroff: die Bergwelt der Lefká Óri

Chaniá: Janitscharen-Moschee am Venezianischen Hafen

Kunst der Minoer: das berühmte Delphin-Fresko aus dem Palast von Knossós

Die zuletzt erschienenen Ausgaben

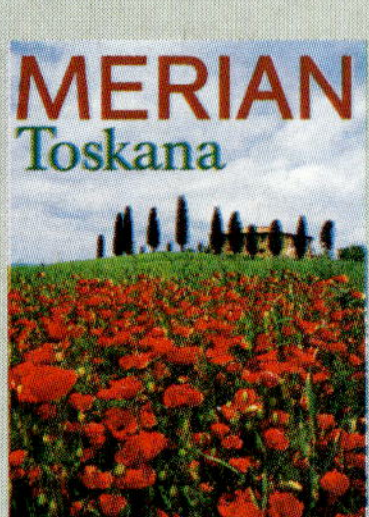

Die folgenden Ausgaben

Kuba
Südafrika
Steiermark
Japan
Paris
USA: Die Südstaaten
Krakau
Schweden